Why English Now?

今なぜ英語を学ぶのか

京都外国語大学・京都外国語短期大学 / 学長・理事

松田 武 Takeshi MATSUDA

三和書籍

はじめに―Why English Now?
(今なぜ英語を学ぶのか)

　近年の急速な情報技術の発達により、経済のグローバル化が猛スピードで進行する一方、インターネットの普及により、地球上の他の国々や地域に住む未知の人々と繋がり合い、影響し合うことが瞬時にできるようになりました。

　また、世界各地で頻発するテロ事件、大規模なストや暴動、それに大量の移民や難民の国外流出などの問題が起こると、その映像や情報はインターネットで瞬時に手元に届くので、私たちはそれらの問題がもはや遠い国での出来事ではなく、地球上に共に生きている友人や隣人のことのように捉えることができるようになってきています。したがって、私たちはグローバルな広い視野を身につけていないと、世界の出来事を正しく理解できないばかりか、この時代を自分がどう生きていけばよいか、不安になると思います。

使える英語の必要性

　こうしたグローバル化時代において、世界共通語としての英語の重要性は、ますます大きくなっているとの印象を強く受けます。非英語圏においても現地の母語と共に、英語がプライベートな会話や、オフィシャルな取引や交渉の際の共通のコミュニケーション手段として用いられる頻度は年々高くなっています。

　外国語、特に英語学習への関心は、通訳・翻訳ボランティアとして活躍している若者たちやそこに従事する人々の間で強いように見受けられます。そして、「すぐに役に立つ英語」や「ホスピタリティー・イングリッシュ（おもてなし英語 Hospitality English)」、それに災害時に役立つ「非常時緊急支援英語」など、草の根（grass root）レベルの英語の必要性が、最近声高に叫

ばれています。なぜなら、2018年に関西地方を襲った台風と
地震の際には、空港で立ち往生し、困り果てている外国人観光
客に対して、観光立国であったはずのわが国は、官民ともに十
分に対応ができなかったのです。観光立国であったはずのわが
国は、通訳やホスピタリティの面でほとんど手が打てなかった
のです。もしそのような状態が続くと、昨年の台風や地震より
もさらに大きな災害が発生した時、日本を訪れる外国人観光客
の命に係わる問題に発展することは必至であると思わざるを得
ません。

　世界のグローバル化によって、近年、わが国を訪れる外国人
観光客や、仕事を求めて来日する外国人の数は増加の一途をた
どっています。それに伴い、日本の社会は様々な領域において
多様化・細分化が進んでいます。わが国は、これまでのモノづ
くりの国、貿易立国であったことに加え、今や観光立国や医療
が中心のサービス産業社会になろうとしております。
　そして、私たちは少子化による人口の減少と移民労働者の流
入、それに外国人観光客の急増という新しい現実を目の当たり
にし、これら三つ巴の問題に正面から向き合わねばならない時
代へと突入しているのです。その意味において、国民の多くが
「すぐに役に立つ英語」や「ホスピタリティー・イングリッシュ」
さらに「非常時緊急支援英語」を身に付けていることが、モノ
づくり、貿易、それに、これからの観光産業やサービス産業を
支えていく上で必要不可欠だ、と私は考えます。そのためには、
若くて好奇心の旺盛な間に、なかでも学生時代に、コミュニケ
ーションの道具としての外国語、とりわけ世界共通語である英

語を体系的に学習し、「すぐに役立つ英語力」を身に付けることがとても大切だと考えています。

「コミュニティ・エンゲージメント（Community Engagement）」の重要性

　現在、グローバル社会に住んでいる私たちが、これからも生かし生かされ、有意義な生活を楽しみながら、末永く生き続けるには、私たち一般市民の多くが、世界の国々や地域、それに数えきれないほどの人々と手を取り合い、協働しながら、生き延びていかねばならないと思っています。

　私は、日本社会の中堅を担うことになる数多くの若者がグローバル市民に成長し、大学を卒業した後は様々な領域でグローバル社会に貢献していくことがますます重要になると考えています。そのための準備として、若者、とりわけ大学生が国内・国外の実社会の諸問題と取り組む「コミュニティ・エンゲージメント」の体験を通して、在学中に「使える英語力」とコミュニケーション力をフルに発揮しながら「グローバル視野と感性（センス）」、それに幅広い教養を身に付けることがますます重要になってくると考えています。

「コミュニティ・エンゲージメント」プログラムとは

　「コミュニティ・エンゲージメント」のコンセプトおよびプログラムについて手短に説明しましょう。このコンセプトは、現在の戦争や紛争、それに世界の諸問題の根源の最大の原因は人類が人間と人間の関係を分断する壁を設けてしまうところにあるとの前提の上に立っています。

　学生たちは、国内および国外を問わず、人間と人間を分断する政治的、文化的壁を越えてコミュニティの中へ入り、コミュニティの人たちと一緒に汗を流しながら共通の課題を一緒に考え、協働し、解決策を見出していきます。コミュニティの人たちとの協働体験を通して、人と人とのグローバルなつながりが生まれ育ち、世界平和に貢献するのです。学生たちは、「コミュニティ・エンゲージメント」プログラムへの参加を通して、実際的な社会参加のスキルを高めると同時に、「コミュニティ・エンゲージメント」の目的と意義への理解を深め、グローバル化時代にふさわしい市民参加型民主社会の担い手、すなわちグローバル市民に成長していくのです。

　「エンゲージメント」という言葉には、政府およびその関連機関による活動を意味する旧来の国際貢献ではなく、私たち一般市民の立場からグローバルな問題にいかに取り組むか、いかにして平和構築に従事できるのかという2つの問いかけが含まれています。「コミュニティ・エンゲージメント」プログラムの目的は、人類共通の問題にグローバル市民の立場から取り組み、対話と協働によって解決策を生み出していける人間を育てることにあります。

　したがって、このプログラムは、これまでのような単なる

語学研修の海外留学プログラムではありません。それは、コミュニケーションに力点をおく実用型の英語学習と、サービスラーニング（社会活動を通して市民性を育む学習 Service Learning）とが組み合わされた実践型教育プログラムであります。そのためには、若者をはじめ一般市民が、使える英語力とコミュニケーション力を身に付けることが基本的な条件であると考えています。そして、世界の人たちは、「コミュニティ・エンゲージメント」の現場で学ぶわが国の学生の姿を目の当たりにし、わが国の若者、それに生の日本人の姿を理解することになると思っております。

加えて、私は、世界共通語である英語を体系的に学習し、「使える」英語力を身に付けることと、異文化理解とコミュニティ・エンゲージメントに欠かせないコミュニケーション力の獲得が、世界平和への貢献やわが国の安全保障上の点からもとても大切であると考えています。

私たち日本人は、個人と

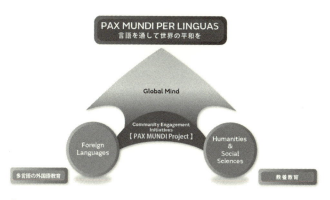

【グローバルマインドを育む3つの要素】
まず「外国語を的確に操る力」と「幅広い知識や教養」を身につけ、そして、それらを生きた力とするために、「コミュニティ・エンゲージメント」に参加し、地域コミュニティの人たちと一緒に考え、汗を流し、協同しながら、実際の問題解決や発展に取り組みます。参加者は、地域コミュニティでの体験を通じて、グローバルマインド（国際感覚）を養っていきます。

個人、個人と集団、個人と社会、人間と自然との共存のあり方、それに、自己主張ばかりするのではなく、相手の立場に立って考える、すなわち一歩引きさがる、時には譲るといった生活の知恵や、生活様式や日本固有の価値などを長きにわたって培ってきました。これからもわが国の文化遺産をしっかりと受け継いでいく必要があることは申すまでもありません。また、私たち日本人の側からも、日本の文化や私たちの真の姿を世界各地に住む多くの人々に正しく理解していただくために、外国語、なかでも英語で伝え、そして、丁寧に説明する努力を重ねていくことがますます重要になってくると思っています。

「使える」英語力を身に付けることのもう1つの理由は、英語力が、1人1人の中に未開発の状態で眠り続けている潜在的な人的資源（Human Resources）を開拓するのに大きな手助けとなると考えます。それだけでなく、世界共通の行動様式を定めたルールやマナー、それにグローバルな倫理や公衆道徳を学び、人間力を磨いていく上でも重要な手助けとなることです。私たちが世界の多様な文化とその違いを互いに

PAX MUNDI PER LINGUAS
言語を通して世界の平和を

【スパイラル】
コミュニティ・エンゲージメントは、1度の参加で完結するものではなく、らせん階段を上がるように、何度もコミュニティエンゲージメントの体験を繰り返すことでグローバル市民に成長していきます。

認め合い、尊重し、世界の人々と尊敬し合って共に生きていく上で、世界共通の言語としての英語が重要な役割を果たすからです。

　そうすれば、私たちは世界の人たちから尊敬され、海外の友をさらに増やすことになるだけではなく、私たちの心と生活も少しずつ豊かになっていくと考えています。私たちがこの世界で末永く生き延びていくためには、このような環境や条件を少しずつ整えることが必要かつ不可欠であり、そのような環境づくりが私たちの「人間の安全保障」をより確かなものにしてくれると確信しています。以上の点から私は、1人でも多くの人に「使える英語力」が身につくよう最善の手助けをすることが大学人の社会的責任の1つであると思っています。

　私は、英語の総合力が「読む」「書く」「聴く」「英文法」「語彙」「文字化」それに「話す」の7部門からなっていると考えており、それをちょうど海に浮かぶ氷山にたとえて捉えております。といいますのは、氷山の1部が海水面下の部分に支えられているのと同じように、「話す」の部分が他の6部門によって下支えされていると捉えているからです。そして、本書において、自称「ブルドーザー式英語学習法」なる体系的な英語学習法を展開しております。「ブルドーザー式英語学習法」は、私の実体験から大学生時代に編み出したものであり、1年間の期間限定付きのプログラムであります。英語学習法をブルドーザーにたとえていますのは、「使える英語」を身に付けるには、工事現場で見かけるブルドーザーのように、これら7部門すべてを系

統立て楽しみながらバランスよく学習することが大切であると
考えているからです。

　前述したように、私は、グローバル時代を生き抜くには、わ
が国の一般市民が使える英語とコミュニケーション力を身に付
けることの必要性を痛感していることに加え、読者の皆さんの
中にはもう1度英語にチャレンジしてみたい、あるいは英語を
学び、高度な英語運用力を身につけたい。けれども、具体的に
何をどのようにしていけばよいのかわからず躊躇なさっている
方々もいらっしゃるかもしれません。また、このグローバル化
の時代に英語の必要性を身にしみて感じているけれど、どうす
れば英語が身につくのだろうと思っている方も多いと思います。
そのような方々のニーズに少しでも役立ちたいと思い、本書を
世に出すことにしました。
　最後に、私は現在に至るまで、国の内外において実に数多く
のよき恩師や教員仲間、それに友人、学生や生徒に恵まれてき
ました。また、その間に何度か海外に出向き、外国の高等教育
の実態や諸条件などを自分の目で視察し、確かめる機会に恵ま
れるとともに、自ら留学生としてアメリカやイギリスで学ぶ機
会に恵まれてきました。その過程で私は、「日本はどうあるべ
きか」、「どのような国際貢献をすべきか」、「そのためにどのよ
うな条件が必要であるか」といった問題について考えたり、そ
れらの問題に対する意見やヒント、それに貴重なコメントを多
くの友から頂いたりする機会に恵まれてきました。この場をお
借りして衷心より感謝の意を表したいと思います。

目　次

はじめに　Why English Now?（今なぜ英語を学ぶのか）　i

第1章　英語との出会い　1

自己アイデンティティの問題　2

時代と環境—誕生と妻鹿の町　2

子供のころ　4

急激な町の様変わり　4

「生きた英語」との出会い　6

アメリカ人との草の根交流　7

打開策としての FEN　9

エピソード①　What do you say this in English?　10

エピソード②　How unfair it is!　11

エピソード③　During the high school excursion　12

エピソード④　通訳ボランティア活動　15

エピソード⑤　高校 ESS の立ち上げ　16

大学生時代　17

第2章　あなたの夢を後押しする「ブルドーザー式英語学習法」　23

「英語力は氷山のごとし」—私の「英語学習」の捉え方　24

「休息日の効用」　26

ブルドーザー式英語学習を支える自明の理　27

（1）「自分の時間」　27

（2）「最高の未来を得るには、自分に軸足を」　28

（3）「自分を作り上げていく」 29

（4）人生の選択肢の幅と外国語学習 30

（5）自分との約束 31

「ブルドーザー式英語学習法」の心構え 31

「ブルドーザー式英語学習法」 35

「読むこと」について 35

「書くこと」について 39

「聴くこと」について 42

「英文法」について 46

「語彙」について 48

「コンピュータを使って文字化すること」について 51

「話すこと」について 52

知っておくと便利な「英語フレーズ集」 56

キャンパスで SOS を叫ぶ留学生を救う 56

A 非常時緊急支援 56

B 病院での医者との対話 57

＜問診＞ 57

＜アレルギー＞ 58

＜診察と治療＞ 58

＜診察料の支払い＞ 59

＜症状＞ 60

困った時の案内の仕方？警察や役所勤務の職員などの対応 65

■自動車事故 65

■警察・救急車、消防車 66

■電話　67

■自分の行き先や道をたずねる時　68

■日常の会話の時　69

■レストランで　70

■英語の講義や会議、交渉の場で　71

■他に押さえておきたい表現とフレーズ　83

第3章　アメリカ留学　101

留学に向けての志しと当時の世情　102

ウィスコンシン大学 学部留学 1967 ～ 1969 年　104

生まれて初めてアメリカの土を踏む　104

ホノルル空港での第1印象　105

ウィスコンシン州マディソン市へ　108

　■ウィスコンシン州の横顔　108

ウィスコンシン大学の学部生として　111

Too Heavy a Workload（負担が多すぎる勉強量）　113

講義の録音とりと居眠り　114

沈黙は美徳か　116

アメリカ人学生が勉強に熱心なわけ　119

英語力の低さでコミュニケーション不足に　121

知識不足と低学力に愕然とした日々　122

ホストファミリーとの出会い　123

水曜日に学生が「Hustle（ハッスル）」するわけ　127

人間力を磨いてくれた他の留学生活　127

時代を映し出すさまざまな事件　133

　ヴェトナム戦争について　133

　ダウ・ケミカル社のリクルート事件について

　ウィスコンシン大学でのヴェトナム反戦運動　135

　キング牧師暗殺事件について

　公民権運動の高まりと人種暴動　138

　ロバート・ケネディ上院議員暗殺事件について　142

第4章　留学を延長するために打開する方法を考える　147

　留学期間の終わりを目前にして　148

　夏期休暇中のアメリカ国内旅行　149

　メリーランドからニューヨークへ　156

　民主党の大統領候補を選ぶ1968年の全国党大会　157

　ソ連のチェコ軍事介入事件　158

　残余期間中のアメリカ留学生活　159

　ある発見　162

　ウィスコンシン大学での卒業式　163

　学部留学の総括　164

第5章　学部と大学院の間奏　169

帰国後のいくつかの課題　171

　銀行から就職の勧誘　171

　2度目と3度目の面接　173

　私の決断とその後の展開　175

残された選択肢と過去のしがらみとの葛藤　178

　　学問と親孝行の両立をめざして　179

　　「親孝行」の再定義　182

　　挫折の日々と京都アメリカ研究夏期セミナーとの出会い　184

　　1969 年から 73 年までの世界の主な出来事　188

解説編　192

おわりに　218

イラスト作成／笠井 裕莉
京都外国語大学総合企画室主事

第 1 章

英語との出会い

自己アイデンティティの問題

　私は友人から、「松田君！君ってどうしてそんなにエネルギッシュなの？まるで機関車みたいですね。そのエネルギーってどこから来るの？」と尋ねられることがよくあります。また、「君は何年たっても変わらないね。若いね」とも言われます。私は、そのように尋ねられても、何と答えていいか分からず「ニタッ」と照れ笑いをしているのですが、でも、「どうしてそのような印象を与えるのだろう」とずっと不思議に思っていました。そして、友人が聞きたいのは、「私のエネルギーの源は何なのか」、「どこから湧いてくるのか」、「自分ってどのような人間なのか」ということなのではないかなと思うようになりました。

　そこで、私の友人がよく尋ねてくれる問いにできる限り正確にかつ率直に答えてみたいという思いに至ったのです。これは、本書の内容に関わるだけでなく、私の自己アイデンティティにも関わる問題ですから、まずは私の出生の話から始めます。

時代と環境──誕生と妻鹿(めが)の町

　私は、昭和20年（1945年）7月25日に兵庫県姫路市妻鹿で産声を上げました。その日は、ちょうど8月15日の終戦が20日ほど後に迫っていた、うだるような暑い夏の日でした。

　妻鹿の町は、瀬戸内海の東部、兵庫県姫路市南部の臨海地に位置する漁港の町で、当時はほとんどその名さえ知られていない小さな田舎町でした。その町は、北と東は山（甲山(かぶとやま)など）に、南は海（瀬

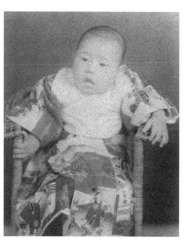

1946年5月9日／生後285日

戸内海）に、そして西は川（市川）にそれぞれ囲まれた箱庭のような小さな町でした。町の経済は、港に水揚げされた魚介類の競り市でにぎわう活気にあふれた魚市場で成り立っていました。

妻鹿の町は、最近まで無名に等しい存在でしたが、2014年にNHKの大河ドラマ『軍師官兵衛』が全国に

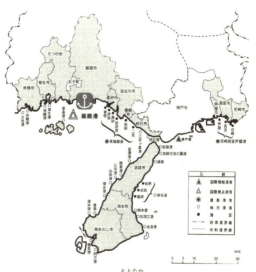

放映されたことにより、妻鹿は黒田官兵衛が、父・職隆とともに甲山城（別名、妻鹿城ともいう）で居城した地として広く知られるようになり、妻鹿地域は一時的ではありましたが、姫路市の観光スポットの1つになりました。

妻鹿（甲山）城趾の碑

黒田職隆廟

子供のころ

　私は物心が付いたころから、幼稚園、小学校、そして中学生になる1950年代までは独立心の強いやんちゃ坊主でした。とにかくその頃から1人で海辺へ行っては、アサリ、ハマグリなどの潮干狩りをしたり、今ではもう見る影もない透き通った遠浅の海で水中眼鏡などもちろんなしで、1人で泳ぎまわったり、また近くの川へ行っては、ザリガニやフナそれにウナギを素手で掴んだりして遊んでいました。1人で水辺に出かけ何時間も戻らないので、母や親せきが心配して捜しまわるといったこともしょっちゅうでした。いずれせよ、自然に恵まれた牧歌的な環境の下で、私は自由奔放にゆったりと育ったと思います。今でも生まれ育った妻鹿の町は懐かしく、折にふれ無性に恋しくなる故郷です。

1952年小学1年生／学芸会　　1956年4月／親戚の婚礼にて

急激な町の様変わり

　ところが、1950年代末から60年代にかけて、丁度この時期は、戦後の日本経済の離陸期にあたり、政府および地方自治体は、高度経済成長戦略として重化学工業化を強力に推し進めようとしていました。播磨工業地域の中核

として急成長しつつあった当時の姫路市は、政府の政策を後押しする形で、石油コンビナートの拠点として都市臨海部工業化を推し進め、臨海地区に火力発電所や製油所を建設するための埋め立て工事、それに港湾改修工事を施工する決定を下したのでした。

具体的には、1950年代半ばから妻鹿地区において埋め立て工事が開始され、1950年代には関西電力火力発電所が、60年代には出光製油所が建設され、70年代後半にはLNG（液化天然ガス）基地も建設されていきました。その結果、急速に進む重化学工業化の中で妻鹿地区は、都市臨海部工業化の大きな波に飲み込まれることになったのです。それまでは牧歌的で、ゆっくりと生活の時間が流れていた妻鹿地区は、景観のみならず、自然環境、それに人々の生活様式までもが大きく様変わりしました。そのために、重化学工業化前の静かな妻鹿の町は、外の世界からやってきた見知らぬ者によって「奪われ」、永遠に帰って来ることのない「失われた」世界と化したのでした。

臨海地区の工業化を報じる『広報ひめじ』
／昭和34（1959）年8月25日

「生きた英語」との出会い

　私の「英語」との出会いは比較的早く訪れました。母親が今日でいう戦後初期の怖い「教育ママ」で、小・中学生のときから半強制的に英語塾に通わされました。また、当時、文化放送やラジオ短波で放送され、講師のジェームズ・B. ハリス先生や鬼頭イツ子先生による英会話番組として人気のあった『百万人の英語』、それに20年の長きにわたり講師を務めた松本亨先生のNHKラジオ『英語会話』などを自分でも聴いたりして、英会話の勉強を始めていました。しかし、住んでいるところが小さな漁港町でありましたので、アメリカ人と直に会って話す機会など高校生になるまでは1度もありませんでした。

　ところが、高校生になって間もないある日、私はその小さな漁港の町妻鹿で偶然ジョン・デービス（John Davis）さんと出会ったのでした。デービスさんは、姫路市南部の臨海地に関西電力姫路第2火力発電所を建設するために、アメリカから派遣されたアメリカ人顧問技師の1人でした。

　デービスさんとの出会いがきっかけとなって、私の英語学習意欲に火がつき、それからは英語をまじめに学びたい気持ちが強くなり、英語をマイペースで本格的に学習するようになったのです。そうすると、次には身に付けた自分の英語力を確かめ、試すために、生の英語が話されているアメリカを自分の目で見、肌で感じてみようと、アメリカへ留学したい気持ちが湧いてきました。その後、アメリカへ留学してアメリカについて学び、アメリカ研究

者・アメリカの専門家になりたいと思うようになったのですが、これまで私が歩んだ道を考えますと、デービスさんとの出会いは、当時高校生であった私にとって「運命的な出会い」であったと思います。

ところで、歴史を学んで気づくことは、時に人知を超えた偶然の出来事が起こり、それが引き金となり、人の後の人生を大きく変えてしまうということがどの国においても見られるということです。恐ら

1963年2月／デービス夫妻

くそれが、歴史を学ぶ醍醐味であり、また、歴史の魅力の1つであるかもしれません。

私にとってジョン・デービスさんとの出会いは、生まれて初めての経験であり、英語を母語とする外国人と面と向かって言葉を交わした「生きた英語」会話の初体験でした。そして、その時はその出会いが、私の後の人生に大きな影響を及ぼすことになるとは思いもしませんでした。中学や高校の授業で学ぶ英語とは違った生きた英語を耳にし、その時に受けた強烈な衝撃は、半世紀以上たった今も昨日のことのようによみがえってきます。それは、まるで「頭をハンマーで打ちのめされた」時のような強い衝撃でした。

このデービスさんとの偶然の出会いを顧みて、戦後日本の歴史の文脈に位置づけるならば、私にとってそれは高度経済成長期における日米の「草の根文化交流ドラマ」のはじまりといえば少し言い過ぎになるでしょうか。

アメリカ人との草の根交流

出会って間もなく、ジョン・デービスさんは、アメリカ合衆国の南中部に位置するオクラホマ州のタルサ市出身の溶接技師であることが分かりました。「オクラホマ」の名前は、アメリカンインディアンのチョクトー族の言葉で

ジョン・デービスさんと

「赤い人々」という意味です。「オクラホマ」は、ミュージカルの『オクラホマ』や、代表的なフォークダンスとして親しまれている「Oklahoma Mixer（オクラホマミキサー）」と共に日本人にとってなじみ深いです。

デービスさんは、私を社宅に招いて下さいました。デービスさんはジョンという名であること、奥さんはクララ（Clara）という名の大変きれいな方で、専業主婦ですと紹介されました。お2人はとても仲が良く、大変親切でしたので、私はこのご夫婦とこれから親しくなりたい、仲良くしてほしいと、心の底から思いました。今思い返しますと、デービス夫妻は、古き良き時代のまさに典型的なアメリカ人だったと思います。

やがて私は、デービス夫妻の住む社宅に足繁く出入りするようになりました。週末の土・日はもちろんのこと、いつでもいらっしゃいと言って歓待してくださるので、まるで実の息子のように毎日といってよいほどデービス夫妻の家に出入りしておりました。考えてみれば、それは、英語を母語とする人から「生きた英語」を学ぶ環境としては理想的であったに違いありません。

しかし、現実は必ずしもそうではありませんでした。ドアをノックして応接室に入ったその瞬間から、アメリカ人の口から機関銃のように発射される英語を1語1句正しく理解することは、想像以上に難しかったからです。デービスさんの言っていることがはっきりと理解できないために息が詰まり、互いに気まずい思いをし続ける状況が続くこともありました。「もう1度話してください」「どうかもう少しゆっくりと話してください」の決まり文句を、当惑と恥ずかしさで1杯になりながら、何度も連発せざるを得ませんでした。その時の恥ず

クララ・デービスさんと

かしさ、申し訳なさと屈辱にも似た気持ちは、半世紀以上経った今もはっきりと覚えています。本来ならば楽しいはずの人間関係も、このようにコミュニケーション力が不十分な状態では長続きしないこと、それに、このような状況を打開するには、何らかの工夫や手立てを自分の方から考え出す必要があることに気づくようになりました。

打開策としての FEN

　そこで、英語を聴く（Listening Comprehension）力をしっかりと身につけるための策として、デービス夫妻と会話するだけでなく、英語を母語とする人の英語が定期的にしかも規則的に聴けるよい方法はないものかと思いをめぐらしました。そうすると、「There is always a way out.（窮すれば通ず）」とか、「Necessity is the mother of invention.（必要は発明の母）」の諺があるように、1つの具体案が脳裏に浮かんだのでした。

　当時、FEN 放送（Far East Network の略称で、極東放送網の意味。在日米軍向けに 1945 年 9 月から放送が開始された）は、米軍が駐留する地に設けられた基地関係者とその家族向けに短波で、1 日 24 時間放送していました。そのことを小耳にはさんだ私は、FEN 放送を 1 度試してみることにしました。そして、内容がわかってもわからなくても、辛抱強く規則的に聴くことにしました。

　短波放送であったために、しばしば雑音や番組途中の中断などに悩まされながらも、私は、小さなラジオにかじりついて、ラジオから流れてくる本場のアメリカ英語、それにニュースの 1 語 1 句を聴き取るために、神経を最大限に集中して、聴き取りに必死になりました。それは、デービス夫妻との会話の時と似たような緊張感と充実感を味わうことのできるひと時でした。

　私の FEN 放送の聴き方として、ラジオから流れてくるアナウンサーの言葉がはっきりと聴き取れないときは、耳に入ってくる通りの音（オン）を素早くカタカナでノートに書き留めます。そして、ニュースが終わった後すぐ

FEN (Far East Network) 放送のラジオに耳を傾ける筆者

に、ノートに書き留めたカタカナの音から、その単語の綴りと意味を想像しながら、想像したものが正しいかどうかを辞書で確認するのです。確かに、1語1語辞書で確認するのは面倒な作業ですが、しかし、想像した綴りが正しかった場合は、無上の喜びを覚えます。それはちょうど、片言の英語で外国から来た観光客に話しかけ、自分の言ったことが理解された時、あるいはその観光客から返ってきた返事の英語が理解できた時の「あの大きな感動」によく似ています。

　このような訓練を繰り返すことにより、新しい単語を覚え、語彙が確実に増えていくのです。確かに、この工程は、辛抱を必要とするものですが、それと同時に無上の達成感も得られる訓練であると思います。

　ここで英語力をつけたエピソードを5つ紹介したいと思います。

エピソード①　What do you say this in English?
　1つは、英語の理解力を身につけるには、語彙を増やすことです。英語が外国語であるために、私たち日本人がいくら頭をこね回し考えても英単語をつくりだすことはできません。英語を話すにしても聴くにしても、その人の語彙が豊かであればあるほど、それだけ相手の話す英語が理解しやすくなります。つまり、英語の理解力を身につけるには、あらゆる機会をとらえて語彙が増えるよう努力することです。例えば、私の場合は、デービス夫妻のお宅をお邪魔した際に、失礼にならない範囲で部屋にあるものを指さして、What do you say this in English?（これ英語で何と言いますか）と、積極的

に質問して新しい単語を覚えるよう心がけたものでした。

エピソード②　How unfair it is!

「語彙を増やすことの大切さ」に関して、模擬試験を受けた際に起きたある出来事のエピソードです。

大抵の中学や高校では、中間試験や期末試験とは別に、全学生徒を対象に模擬試験あるいは実力試験が行われます。当然のことながら、英語の試験もその中に含まれていました。私は、中間試験や期末試験の対策として、それまで英語の教科書を中心に授業で習ったことを復習したり、暗記したりして試験に臨んできました。

デービス夫妻に会う前の中学生だったある日、英語の実力試験が行われました。試験問題にさっと目を通した瞬間、それまで教科書で見かけたことのない英単語や英語表現がいくつもあることに気付きました。初めての実力テストであったこともあり、心臓がドキドキするやら、冷や汗が出てくるやら、で呆然となりました。そして、試験監督の先生に向かって、「先生！私たちの英語の授業では、こんな単語や英語表現はまだ教えてもらっていません。こんなにむずかしい単語を試験に出すなんて、このテストはフェアじゃないよ！」と抗議の声をあげたのでした。

試験中に、We haven't been taught this yet. It's unfair!（まだ教えてもらっていない、アンフェアだ！）といくら叫んでも、先生から注意を受けこそすれ、何の効果もありませんでした。しかし、この経験から私は、大切な教訓を学んだような気がします。それは、教科書や先生の授業に歩調をあわせて勉強するのではなく、「自分で英語の語彙を増やし、自主的に自分のペースで英語を勉強しないとだめだ」ということに気が付いたことです。それ以来、私は中学生時代の後半から高校生時代にかけて毎日曜日に手柄山図書館（現在の姫路市立図書館手柄分館）へ行って、ラフカディオ・ハーン（小泉八雲）の『怪談（Kwaidan）』やグエン・テラサキの『太陽にかける橋（Bridge to the Sun)』などを副読本として読むようになったのです。このような経験を通して、私は、先生や他の人に頼り切るのではなく、「自分でできることはまず自分でする」という貴重な教訓を得たと思っています。

エピソード③　During the high school excursion

　デービス夫妻と会話したり、ラジオにかじりついてFEN放送を聴いたり、また、マイペースで副読本を読んだりするようになってから、半年あまりが経過したある日、偶然、自分の英語の力が試される機会がやってきました。

　それは、キューバ危機の真最中の1962年10月23日のことでした。世界中の人々は、キューバに建設された核基地の撤去をめぐり米ソ両政府の間で重ねられていた激しいやり取りや交渉の行方を、息を凝らしながら見守っていました。「人類の存亡」のカギを握る重大な交渉がモスクワとワシントンの間で行われていた非常に重苦しい雰囲気の中で、たまたまその日に私は高校の修学旅行で、観光客船「むらさき丸」に乗って神戸から別府への楽しい船旅をしておりました。

　その「むらさき丸」の船上での偶然の出来事でした。いかにも「紳士」と見受けられる上品な風貌の外国人観光客の姿が私の目に留まりました。その紳士は、デッキの片隅で瀬戸内海に浮かぶ美しい島々の景色を楽しんでいる

リチャードソン退役海軍大佐との英会話

アドレスを記してもらう

様子でした。デッキにいた数名のクラスメートたちは、好奇心の旺盛な高校生ばかりでしたが、思春期独特の恥ずかしさもあり、ただクスクス笑ったり、遠くから写真を撮ったりするだけで、誰もその紳士に話しかけようとはしませんでした。私は、「英会話力を試すチャンス到来！」と、その外国人の前に歩み出たのでした。そして、ドキドキしながら、私は異国の紳士に話しかけました。

　今は、その船上で交わした会話の内容を正確に覚えてはいませんが、確か「Where are you from?（どちらから来られましたか）」「Where are you going from now?（どこへ行く予定ですか）」、「What are you? And what do you do?（どんな仕事をなさっていますか）」、「Please write your home address right here.（あなたの住所をここに書いてください）」のようなことを尋ねたと思います。その外国人観光客は、名前がローレンス・リチャードソン（Lawrence Richardson）といい、アメリカ大西洋沿岸のメリーランド州ヘーガーズタウン（Hagerstown）に邸宅を構えるアメリカ海軍の元大佐であることが分かりました。交わした会話から、リチャードソンさんは、最近、退役したばかりで、退役祝いとその記念に夫人と同伴で、世界一周の旅をしている最中ということが分かりました。

　私の英語力のレベルから、続いた対話の時間はほんの数分でしたが、この時船上で退役海軍大佐と交わした会話がきっかけとなって、私は後にリチャードソン大佐や、ピッツバーグにある名門大学チャタム・カレッジ（Chatham College）に通う孫娘のチルトンさんと文通するようになりました。そして、しばらくの間、手紙のやり取りによる日米間の交流が続いたのでした。異国に住むペンフレンドと文通することは、私にとって異文化理解に役立つだけでなく、英作文の力を磨く上で大変有益だったと思います。というのは、ペンフレンドと手紙のやり取りをすることにより、自分の英語表現力の未熟さを思い知らされたり、英語を母語とする人が用いる表現の仕方や教科書にはめったに出てこないような英語表現を学ぶことができたりすることが多かっ

たからでした。

　さらに、リチャードソンさんと出会ってからおよそ6年が過ぎた1968年にアメリカへ留学する機会が訪れた時、私は久しぶりにリチャードソンさんに連絡を取りました。すると、うれしいことにすぐにリチャードさんから返事が返ってきました。そのことが縁となり、アメリカ留学の期間中に私はリチャードさんの邸宅に招かれ、再会を果たすことができました。ヘーガーズタウンでは、リチャードソンさんに近くのゲティスバーグへ連れて行ってもらい、その地を案内していただくという機会に恵まれました。ゲティスバーグは、ペンシルベニア州にある南北戦争の激戦地の1つで、1863年にアメリカ大統領アブラハム・リンカンが、"Four score and seven years ago"の言葉で始まる不朽不滅の名演説を行ったことで有名な古戦場でした。

　信じ難いことですが、船上でアメリカからの観光客を取り囲み、私の英会話を半信半疑で聴いていた高校のクラスメートたちは、無謀とも思われる私の大胆な行動と心臓の強さに驚いたようで、それ以後、私の「ど根性」と英語力に一目置くようになったのです。

1962年10月／高校の修学旅行クラス写真・「むらさき丸」船上

エピソード④　通訳ボランティア活動

　私の英語力を試す機会と場所は、修学旅行中の「むらさき丸」の船上に限られていませんでした。私は姫路市南部に住んでいました。姫路は、地理的に大阪や京都から数時間で足を運べる距離にあるため、国の内外から季節を問わず、多くの観光客が訪れます。たとえば、姫路城の2015年度の入場者は過去最高の287万人を記録し、全国城郭入場数は第1位でした。

　姫路市の中心地には、その国宝姫路城がまるで同市の主人であるかのようにどっしりと構えていました。松の間から垣間見える白壁が松に集う純白の「しらさぎ」の姿に似ていることから、姫路城は別名、白鷺城と呼ばれており、法隆寺とともに日本で初めて世界文化遺産に登録された名城の1つです。

　私は、高校時代に姫路城のすぐ近くにある学校に通っていたこともあり、観光のために姫路城を訪れる海外旅行客を見つけては、ボランティア通訳ガイドとして英語でしばしば「白鷺城」を案内しました。私の英語力は依然としてたどたどしかった上に、日本の歴史の知識も貧弱でしたので、姫路城の通訳案内は冷や汗の連続でした。

　しかし、当時は英語で案内するボランティアの数が極めて限られていたので、私のような力不足の通訳でも外国人観光客に喜ばれ重宝がられました。好奇心が旺盛で、物おじしない性格の私にとって、

この種の通訳ガイドは楽しい上に観光客にも喜ばれ、想像していたよりもやりがいのあるボランティア活動だと思いました。それよりも重要な点は、ボランティア通訳ガイドの経験を通して、私は、通訳ガイドとして英語力だけでなく、日本の歴史の知識や教養においてもまだまだ未熟であると思い知らされたことでした。

エピソード⑤　高校ESSの立ち上げ

また、高校生の時、親しい同級生や下級生を説得したり勧誘したりして、ESS（English Speaking Society）という英会話の同好会を立ち上げたり、また学園祭には英語劇を上演したりもしました。このようにゆっくりとしたペースではありましたが、私は徐々に「英語の世界」にのめり込むようになったのです。

英語劇のメンバー／高校の文化祭

大学生時代

　大学に入学すると、住む場所を姫路から大阪に移し、大阪外国語大学に進学しました。親元から離れ、大都市での1人暮しは、私にとって初めての経験だったので毎日が不安で仕方がありませんでした。その上、大阪の地理にも不案内だったので、大阪市の郊外にある大学寮にしばらく住むことにしました。そして、ネオンサインが輝く道頓堀の盛り場周辺をうろついたりするのは、極力避けるような学生生活を送っていました。

　大学へ入学すると同時に、ESSに入部しました。一年生の時は、新米の部員として、様々な部の雑用を積極的に引き受けるとともに、ESSのいろいろなイベントにも数多く参加しました。例えば、昼休みに毎日行われるESS恒例の英語グループ討論会、学内の英語ディベートおよびスピーチ・コンテスト、年1回の全国大学対抗英語スピーチ・コンテストやディベート・コンテスト、年に2度、春と夏に信州長野で行われる合宿への参加などでした。そして、幸運なことに、日頃の厳しい訓練と先輩の指導のおかげで、コンテストで何度か優勝することができました。

1965年第11回3外大英語
ディベーティング・コンテスト
／東京外国語大学にて

ディベーティング・コンテストの結果を掲載したアサヒ・イブニングニュースの紙面

また、大阪天神祭りの時はしばしば通訳の仕事を依頼され、その仕事を引き受けました。また、時おり商社やメーカーから声が掛かってくる通訳の仕事など、英語を使うアルバイトは、できる限り引き受けました。このように大阪に移ってからは、英語にどっぷりとつかった大忙しの日々が続きました。その中で、生活はますます英語と切っても切れない状況になっていきました。ある時、私の日々の生活スタイルを見ている親しい友人に、「松田君！君から英語を取ったら、一体何が残るの？」と、冗談半分に聞かれたことがありました。そう言われてみると、確かに私は、1日の大半を大学の正規の授業よりも ESS の部活動に費やすようになっていたのです。

　ESS は、卒業式の日が近づく3月になると、それまでお世話になった4年生部員のために送別会（Farewell Party）を催すのが慣例でした。ESS を去っていく全ての先輩部員が、「4年間学んだこの大学を去ることよりも、ESS を去り、家族のように一緒に過ごした部員の皆とお別れするのがつらい」と口をそろえて言い、目に涙を一杯浮かべて別れを惜しむ姿には、身につまされる思いがしました。

1965年／大阪外国語大学 ESS の送別会

ある日、同じ学寮に住む英語専攻の上級生に ──多分、来春卒業予定の4年生だったと思います── 私は、「外国語教育が専門のこの大学において、1年生対象の英語の授業と、2年および3年、それに4年生を対象の英語の授業とではどう違いますか」、「学年が上がるごとに、英語学科の授業内容はどれくらい難しくなりますか」と尋ねました。それは、これから卒業するまでの授業についての情報を事前に知っておきたいという思いと、もしそれが分かれば、1年生の間にある程度、その準備をしておこうと考えていたからでした。

その当時、私は大学で外国語を学ぶ目的について、語学力は自分の考えや意見を相手にしっかりと伝えるための大切な手段であっても、語学力を身につけること自体が目的ではないと考えていました。そして、外国語を学ぶには、人間の頭脳が柔軟で弾力的である時に集中的に学ぶのが得策であること、その上に、英語の専門家を目指すにしても、英語をマスターするのに大学での4年も必要としないと考えていました。すなわち全神経を集中し、系統立てて外国語を毎日こつこつと勉強していけば、それをマスターするのに要する時間はかなり短縮できると考えていました。

その背景には、大学で追求すべき目標として、いわゆる「語学プラス・アルファ」という私の確固たる考えがありました。卑見によれば、学生は、大学の4年間に語学力と、語学以外の学問領域を少なくとも1つ身に付けるべきであること、言い換えれば、入学した後、できるだけ早く外国語を集中的に勉強しマスターすること、そして、大学在籍の残り期間は、語学力をさらに磨きつつ、話す「中身」をもっぱら勉強することに充てるべきだと考えていました。効率的な外国語の学習法の点からも、また卒業後社会で求められる人材像の点からもそうすべきだと思いました。私のこの考えは、「Where there's a will, there's a way.（意志あるところに道は開ける）」の諺や、第2次世界大戦中に考案されたあの有名なアメリカ陸軍の「日本語学習法」の実績に裏打ちされていました。

話を元に戻しますと、私の問いに対して先輩からは、「松田君！英語専攻の授業内容、それに教育方法も、この大学では1年生を対象とする授業も、3年生や4年生を対象とする授業もほとんど変わらないよ。むしろほとんど同じだよ」という想定外の答えが返ってきました。それが大学の授業の実態であれば、4年間をだらだらと過ごすのではなく、先輩の言う「4年分の授業内容」を、1年半あるいは2年間で終えられるよう、自主的にしかも効率よく勉強してみよう」と自分に言い聞かせました。そして、この先輩とのやりとりが引き金となり、自分独自の英語学習法を編み出し、実行に移したのでした。

　ところで、それからかなりの年月が過ぎた2010年に、私は現在の京都外国語大学の教壇に立つ機会に恵まれました。そこで、向学心に燃え、やる気のある入学したばかりの1年生の前で、外国語を集中的に勉強することのメリットについて話しました。そして、「Strike while it is hot.（鉄は熱いうちに打て）」の諺のように、「Early Exposure」なるコンセプトを紹介しました。確かに、そのきっかけとなったのは、エピソードとして紹介した、同じ学寮に住んでいた英語専攻の先輩とのやりとりでした。

　それまで私は、「マイウェイ」と「マイペース」で英語を勉強してきたのですが、アメリカ留学の目標が定まって以来、果たしてこの勉強方法だけで大丈夫なのだろうかと、言葉にできないほどの不安に駆られるようになりました。その不安を払しょくするために、今のやり方よりもさらに実効性が増すような勉強方法を探し求めるようになりました。私の通った大学では、アメリカ人教授による英会話の授業が正課として授業カリキュラムに組み込まれていましたが、授業だけでは足りないのではないかと思い、私はプライベートでYMCAに通ったり、英語のネイティブ・スピーカーから個人レッスンを受けたりもしました。

もっと成果の出る英語の勉強法を知りたいと常に思っていた私は、それまで親しく指導してもらった先輩に英語の勉強方法について尋ねてみました。「先輩！多くの ESS 部員の中で、私は先輩の英語力に敬意を抱いています。先輩はこれまでどのように英語を勉強なさってきましたか。英語の実力を身につけるよい方法を私に教えてくださいませんか。もしよろしければ、先輩の英語学習法を参考のために教えていただけませんか」と尋ねました。しかし、同じ質問を何度も繰り返してもしても、その先輩は、その答えがまるで企業秘密であるかのように全く教えてはくれませんでした。

その時、私は「その ESS の先輩は胸を張って人に言えるような英語の学習法を持ち合わせていなかったのかな」と思ったのでした。しかし、しばらく経ってから、先輩が口を噤んだ理由は、「松田君！こんな大事なことは自分の頭で考えろ。自分で学習法を編み出すんだ。人に頼るな！」と言いたかったのかもしれないと、思い返すようになりました。そのようなことがあった後、私は「人にむやみに頼ったり、もたれかかったりしてはいけない。自分がもっとしっかりと自分の足で立ち、その上で他の人に協力できるような自分になっていきたい」と思うようになりました。それ以後、私は幾度も失敗を繰り返しながらも、自分の力で英語の勉強法を見出すことにしました。体系的な英語学習法として編み出したものが、第二部で展開されるブルドーザー式英語学習法です。

In a nutshell, what I am trying to say is that these episodes led me to invent my own original, systematic way of studying English.（要するに、私が言いたいのは、自分で体系的な学習法を編み出すことなのです。）

第2章

あなたの夢を後押しする
「ブルドーザー式英語学習法」

「英語力は氷山のごとし」―私の「英語学習」の捉え方

　私は、英語の総合力を１つのシステムと捉えています。英語の学習は、読むこと、書くこと、聴くこと、英文法、語彙、文字化すること、話すことの７つの部門から成り立っており、英語の総合力を身に付けるには、相互に関連するこれら７部門すべてを体系的に学習する必要があると考えています。

　また、私は「英語の総合力」を海に浮かぶ氷山のようにも捉えています。氷山は、全体の１割に当たる部分　―「氷山の１角」とも呼ばれる―　を水面から突き出した状態で海に浮かんでおり、海面から突き出ている１割の部分は、水面下の９割の部分によって支えられています。私が英語の総合力を海に浮かぶ氷山にたとえますのは、英語を話す力、すなわち英会話力は、水面下での支えは６になりますが、氷山の「１角」によく似ていると思っているからです。

第2章　あなたの夢を後押しする「ブルドーザー式英語学習法」

英語力は氷山のごとし

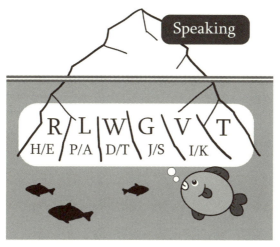

　たとえば、英語が母語でない話し手が流暢に英語を話し出した瞬間、その英語を耳にした周りの人たちは、一瞬にしてその話し手の英会話力を推し量り、「英語のよくできる」人との印象を抱くことでしょう。海面に突き出た氷山の「1角」がそうであるように、英会話力は英語の残りの6部門によってしっかりと下支えされていることがきわめて重要なのです。英会話力に優れていること自体、大変素晴らしいことです。しかし、素晴らしい英会話力が、しっかりと残りの6部門によって下支えされていなくては、優れた会話力を維持するのが難しいだけでなく、表現力に乏しい、薄っぺらな見掛け倒しの英会話力になってしまいかねません。言い換えれば、英語の総合力であるこれら7部門のうちどれ1つが欠けても、英語を話す力は上達しないと私は考えております。私が言いたいのは、英会話力や英語のコミュニケーション力を身に付けたいと思う人は、英語の総合力を構成する7つの部門すべてを体系的に学習する必要があるということです。

読者の中には、「7つの部門すべてを体系的に学習する必要がある」、「体系的英語学習を続けるには、体力の維持と日頃の健康管理が重要である」、それに「精神面でも日頃から自己規律・自己鍛錬を心がける」と聞いただけで、「これは、きつ過ぎる、しんどい。まるで軍隊生活のようだ。こんなに荷の重い学習法にはとてもかなわない。お断りだ！」と、英語学習を始める前から音を上げる方もいらっしゃるかもしれません。しかし、心配ご無用です。というのは、この「ブルドーザー式英語学習法」は、人生のほんの1年間の期間限定付きの挑戦だからです。読者の皆さん！今一度、本書のタイトル「Why English Now?（今なぜ英語を学ぶのか）」を思い起こしてください。グローバル時代に、私たちは生きているということを！

　Physical strength decides who will be the winner of the game.（体力勝負）の諺があるように、成功するか否かを決定付ける要素の1つに体力があります。また、Continuity is strength.（持続は力なり）と言われるように、ある一定の期間続けないと何事も成功に結び付きません。持続するには肉体的にも精神的にもStrength（力）が必要で、その力をいかに保ち続けるかが大きなカギとなってきます。Body and Soul（肉体と精神）のバランスを保つために、丈夫な身体と強い精神力を維持するために、強くお勧めするのが、「休息日の効用」です。

「休息日の効用」

　「休息日の効用」とは、1週間のうち少なくとも1日は休息日にすること、すなわち1日は、まったく勉強しない日（The day I will NOT work）にするのです。ユダヤ教でもキリスト教でも1週間のうち1日を安息日としています。キリスト教徒でなくても、1週間のうち1日はストレスの多い仕事や学習から全面的に解放され、ゆったりとした気分で過ごすべきだ、と私は考えます。

前述したように、何ごとも持続しない限り成功につながりません。しかし、楽しくなければ、長続きしないのが世の常です。英語の学習も例外ではありません。読者の皆さん！工夫を凝らして、できるだけ英語学習を楽

しいものにし、それを日々の生活に取り入れていってほしいと思います。

　たとえば、最初はお試しに1週間やってみる、そして1週間できれば、次に2週間、2週間できれば、次に1カ月、1カ月続けば、3カ月、6カ月、そして10カ月というように続けることが大切なのです。仮に1年間続けることができれば、その人は、この体系的英語学習プログラムだけでなく、何事においても果敢に挑戦できる強靭な身体と精神の持ち主であることを証明したと、私は信じています。このような人には、集中的な英語学習は1年間で十分であり、その翌年からは、英語の学習とは別の領域の課題に挑戦していただきたいと思っています。そして、集中的に1年間学習した後の英語の学習は、他の領域の課題の間に気分転換として、楽しみながら英語に触れていけばよいと考えています。

ブルドーザー式英語学習を支える自明の理

(1)「自分の時間」

　「何をいまさら」と言われそうですが、すべての人に1日24時間が平等に与えられております。その24時間をいかに配分し、有効に使うかで、人の人生は大きく左右されます。

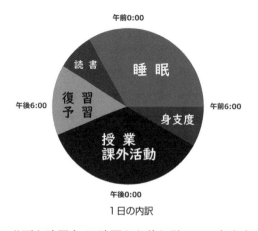

では、1日の24時間をどのように割り振るか（料理するか）、割り振られた時間を管理すべきなのでしょうか。その料理法や管理法を決めるために、まず睡眠、食事、入浴、通学など、生活に欠かせないものをまず書き出します。そして、順位の高い順に、各項目に必要な時間を24時間から差し引いていきます。そして、最後に残った時間が「天与の時間」、すなわちそれが「あなたの時間」なのです。そして、自分の定めた目標を達成するために、ベスト（最善）と思う方法で意識しながら「天与の時間」を使うのです。

このように1日の時間を割り振っていきますと、多忙な普段の生活や仕事などに追われて、見過ごされがちだった自分の時間の使い方や生活様式（ライフスタイル）をもう一度見直す良いきっかけになると思います。「なぜこれまでこのようなことに多くの時間を費やしていたのだろう」、「これからはこのようにしていきたい」という気づきが生まれるかもしれません。それは、広い意味でその人の人生観にも関わってくることになるかもしれないのです。

(2)「最高の未来を得るには、自分に軸足を」

すべての人が、今の自分や現在の状態に必ずしも満足しているわけではありません。自分を変えたい、今の生活態度を変えたい、一流の人間になりたい、もっと幸せな人生を送りたい。もし本当にそう思うならば、その願いをかなえる近道は、ぼやいたり、愚痴をこぼしたりしない、自分の不遇や不幸を他人のせいにしない、責任を他人に転嫁しないことです。

仏教の教えの1つに因果というのがあり、それは、「すべての行いは、後の運命を決定づける。すべての結果には必ず原因があり、逆に、原因があるから結果としての現在がある」があります。それは、良いことであれ、悪いことであれ、過去に為したこと、あるいはこれまでしてきたこと、さらに、すべきだったのにしなかったことの結果は、必ずや自分のところに返ってくる。「自分で蒔いた種は自分で刈り取らなければならない」ということです。大切なことは、自分や自分の生活態度を見つめなおすこと、問題の原因を自分の中に見つけるよう心がけることです。

(3)「自分を作り上げていく」

人はこの世に生を受けると、命ある限り常に自分と向き合って生きていかざるを得ません。そうであるとすれば、自分と一生涯うまく付き合っていくには、私たちはどうすればよいのでしょうか。そのためには、第三者に近い目で自分をしっかり見つめ直すことが大切です。自分は一体どういう人間なのか、また、どういう人間になりたいのか、自分の長所、短所、できれば直したいと思っている性格など自問自答を繰り返しながら、自分を作り上げていくことが必要だと思います。

その上で、将来の職業にもしっかりと目を向けていくことが大切です。将来、自分は何をしたいのか。何になりたいのか。どのような人生を送りたいのか。どのような暮らしをしたいのか。どのような職につきたいのか。配管工か、大工や工場労働者などのブルーカラー労働者か、それとも美容師、家事手伝い、あるいは専門職、公務員か。国内で仕事を見

自分を作りあげていく

つけたいのか。それとも海外で仕事をしたいのか、などなど、自分の将来の目標や夢に思いを馳せていきましょう。大切なことは、自分をあいまいのままにしておかないこと、ごまかさないことです。自分自身をしっかりと直視し、真正面から向き合うことだと思います。

(4) 人生の選択肢の幅と外国語学習

　答えが見つかったならば、次は、どうすれば着実にそして確実に目標に到達することができるか、その答えを探さなければなりません。ところで、人は、人生において大小を問わず、自分の人生を左右する様々な決断を下さなければならない時が何度もやってきます。例えば、就職する際に企業や職種を決めたり、住む地域や住居を決めたりする際に、選択の幅が広ければ広いほど、選択肢の数が多ければ多いほど、自分の意に沿った選択が可能となります。確かに、人は、与えられたいくつかの選択肢の中で悩み、あれこれと考えを巡らします。それは必ずしも楽しいことばかりではありませんが、しかし、それを考え抜く過程は、「自分は何をしたいのか、自分はどんな人間なのか」を突き詰めて考える貴重な機会となり、自分の人生の目的や目標がいっそうはっきりしてくるものです。その時に、人は「ああ！自分は生きているのだ」と実感するとともに、その喜びを味わう機会でもあると思うのです。その意味で、私は、選択肢の幅と幸福感との間には正の相関関係があると考えています。

　人生の目標が何であれ、現在のグローバル化した国際社会において、語学力、すなわち高度な外国語運用力とコミ

ュニケーション力は、私たちの視野を広げるとともに、知性や感性を磨く手助けをし、私たちの人生の選択の幅を広げてくれるものであると考えています。高度な外国語運用力を身につけていること、できれば若い時にそれを身につけていることは、人生の選択の幅を広げることになり、それだけ後の人生において幸せを感じる機会が増すことになると思います。

(5) 自分との約束

読者の中には、過去に1度や2度、ため息交じりに「英語ができたらよいのになあ」と思った方がいらっしゃるかもしれません。このように人が「英語を学びたい」と口にする時、「英語ができたらいいのになあ」という、いわゆる「desirable（望ましい）」のレベルと、「キャリア形成にどうしても英語力が必要だ」、「英語なしでは生きていけ

自分との約束を守る

ない」という切羽詰まった「necessary（必要な）」のレベルの間には、英語学習者の態度や真剣度に大きな違いがあることに皆さんは気づかれることと思います。大切なことは、英語学習を始める前に、自分は「desirable（望ましい）」のレベルなのか、それとも、「necessary（必要な）」のレベルなのか、その答えをはっきりさせることだと思います。

「ブルドーザー式英語学習法」の心構え

「ブルドーザー式英語学習法」を始める前の心構えとして、次の6項目を紹介したいと思います。英語学習をこの線に沿って「実践してみよう」と思われたら、自分との約束を守るよう心掛け学習をしていただきたいと思います。

心構えの1は、「英語学習の捉え方」についてです。

すでに述べましたように、私は、英語の学習を1つの体系（システム）として捉えています。英語が7つの部門からなり、それが1つの体系をなしていると考えています。ここでいう7部門とは、読むこと、書くこと、聴くこと、話すこと、文法、語彙、コンピュータで文字化することを指しています。私は、英語学習の重要なポイントは体系的に英語を学ぶことだと考えています。

心構えの2は、「Imitate and Learn（まねぶこと）」です。すなわち英語を謙虚に「まねぶ」ことです。ところで「まねぶ」という語は聞きなれない言葉ですね。それは、「まねることと学ぶこと」(Imitate and Learn) という意味の造語です。英語は、多くの日本の学習者にとって外国語です。それは、学習者がいく

英語を「まねぶ」

ら頭を使って理屈をこね回わしてみても、英語の新しい言葉を発明したり発見したりすることはできないことを意味しています。理由は簡単明瞭。それは、英語が外国語だからです。ゆえに英語を学習する道は、英語を謙虚に「まねぶ」以外によい方法はないのです。私は、英語の学習の成否は、ただひたすら謙虚に英語を「まねぶ」ことにカギがあると考えています。

心構えの3は、「依存からの脱却」です。人に頼らない自律的な英語学習法を自分の頭で編み出し、それを自分のものとすることです。言い換えると、自分が望めばいつでもどこででも、自分のスケジュールに合った時間と場所において、最も信頼のできる「先生」から英語を学べ

依存からの脱却

る方法を考え出し、それを実践することであります。詳しくは、ブルドーザー式英語学習法の「書くこと」の箇所で説明します。

　心構えの4は、「手間を惜しまず」です。すなわち外国語の学習に必要なことは、邪魔くさがらず、手間を惜しまないことです。たとえば、意味のわからない英単語、見慣れない、あるいは聴きなれない言葉に出くわしたら、手間を惜しまず必ず辞書でその意味を調べ、確認する。邪魔くさがらずに記録にとったり、自分のノートをつくったりすることです。というのは、そうすることが、後になって大いに役に立つ場合があるからです。「Many a little makes a miracle.（塵も積もれば山となる）」という諺がありますが、それは、小さいことの積み重ねが夢の実現をもたらすという意味です。

手間を惜しまない

　心構えの5は、勉強は「ゲーム感覚で」です。
　「ゲーム感覚で」とは、人間のもつ特質を、学習効果が少しでも上がるように活用するということです。人は喜怒哀楽の動物ですので、予想したよりも結果が良ければ、気持ちは昂揚します。反対に結果が悪ければ、沈みます。たとえば、英語の学習の結果が予想していたものより上回れば、モチベーションをさらに上げるために自分をしっかりとほめ、やる気を起こさせる。そして、昂揚した気分を明日への「ばね」として活用するのです。

勉強は「ゲーム感覚」で

反対に、予想より結果が下回れば、なぜそのような結果になったかを明らかにして、翌日からの学習に活かすようにする。このような人間の感情の浮き沈み、あるいはサイクルをうまく活用して、学習の効果が少しでも上がるよう自分の目標に向かってコンスタントに走り続けるのです。ここでの大切なポイントは、英語の実力の尺度は自分自身であり、それ以外ではないということです。つまり、他人の業績と比較して一喜一憂するのではなく、自分に正直に、自分にフェアに、そして軸足を自分におくことです。

　最後に、**心構えの6**は、「集中することと力の限界に挑むこと」です。すなわち自分の力の限界に挑戦することです。人がある事柄に集中力を持続できる時間には一定の限りがあります。集中して取り組んでいる時は、頭脳は活発に働き、生産的になると言われています。しかし、人間の集中力が続くのはせいぜい50分程度であり、50分以上持続することは難しいというのが、私の経験から導き出した結論です。前の部分で、「1日の24時間を細かく割り振る」と述べましたが、それを「英語の学習」に当てはめてみますと、私は、小学校や中学校の時間割のように、英語学習の「ユニット」を50分とすることにしています。大切なことは、50分という限られた時間内に自分の集中力を最大に発揮し、常に自分の力の限界に挑戦することです。そして、私は残りの10分を、次に続く別のユニットに進むまでの気分転換、いわゆるギア・チェンジのために使うことにしています。

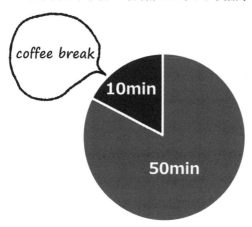

1ユニット50分間の集中学修と10分間のコーヒーブレーク

「ブルドーザー式英語学習法」

さて、英語の体系的な学習法について、「読むこと」、「書くこと」、「聴くこと」、「文法」、「語彙」、「コンピュータを使って文字化すること」、そして最後に「話すこと」の順に検討を加えていきたいと思います。

「読むこと」について

私は、英語の読解力を身につけるには大きく分けて2つの方法があると思っています。1つは、辞書の助けを借りないと読書が思うように前に進まない「難解な」書物を1歩1歩辛抱強く読む方法と、もう1つは、「薄く、内容も易しい」書物、すなわち辞書の助けを借りなくてもすらすらと読める書物を読んでいく、いわゆる多読の方法です。

前者の例としては、高校の英語の授業などで、副読本（a supplementary reader サイドリーダー）としてよく採用される、イギリスの小説家で劇作家サマセット・モーム（1874-1965）の『月と六ペンス（The Moon and Sixpence）』や『人間の絆（Of Human Bondage）』、アメリカの小説家でノーベル文学賞を受賞した劇作家ジョン・スタインベック（1902-1968）の『怒りの葡萄（The Grapes of Wrath）』などが挙げられるでしょう。それに、イギリスの哲学者で社会批評家バートランド・ラッセル（1872-1970）の『産業文明の前途（The

Vintage Classics 社・刊　　Penbuinn Classics 社・刊

Prospects of Industrial Civilization)』や『宗教は必要か（Why I Am Not a Christian）』などもよい例かと思います。これらは、時代を超えて読みつがれる名作で、英語力だけでなく、批評する力も身につく作品として、多くの人たちから高い評価を得ています。

一方、後者の例としては、「アリとキリギリス」、「北風と太陽」、「ウサギとカメ」などの『イソップ物語（Aesop's Fables）』や、ルーシー・M・モンゴメリの『赤毛のアン（Anne of Green Gables）』、ラフカディオ・ハーン（日本名は小泉八雲）の『怪談（Kwaidan）』などが挙げられるかと思います。これらは寓話や短編物語で、筋書きが分かりやすいので多読や速読のテキストとしてよく推奨されます。

最近ではグローバル化が急速に進んでいるので、わざわざ書店や図書館へ足を運ばずともインターネットで自分の興味とレベルに合った書物をすぐに入手できるようになりました。

Virago社・刊

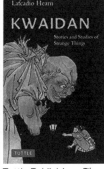
Tuttle Publishing・刊

半世紀ほど前になりますが、私は英読書のノルマを1週間に1冊と決めて、できる限り短い探偵小説をよく読みました。たとえば、「ミステリーの女王」として知られるイギリスの推理小説家アガサ・クリスティの作品『オリエント急行殺人事件（Murder on the Orient Express）』や、アメリカの推理小説家E. S. ガードナーの作品で、弁護士『ペリー・メーソン（Perry Mason）』などでした。もちろん、読み物として読者が選ぶ書物の種類は人によって様々だと思います。「勉強はゲーム感覚で」の箇所で述べましたように、重要なことは、自分の語彙力にあわせて次から次へと原書を読んでい

第2章　あなたの夢を後押しする「ブルドーザー式英語学習法」

くこと、多読を重ねることで原書を読むスピードを上げていく訓練を続けることだと考えています。

　ここで、特に大切なことは、「難解な書物」と「易しい書物」を交互に、しかも同時に読んでいくということです。その際に、学習の1ユニットを50分と定め、定められた時間内で最大限集中して、自分の語彙力の限界に挑戦しながら読むことをお勧めします。

　ところで、「集中することと力の限界に挑むこと」についてでありますが、「力の限界に挑むこと」とは、前日の記録に挑戦し、記録を新しく塗り替えるという意味です。たとえば、「読む力」を身につけるために、机の前に時計を置き、1ユニット50分と定めて英書を読んでいるとします。前日は、集中して「難解な書物」を読んだところ、定められた50分内に1ページと2段落まで読むことができたとします。翌日は、同じ書物を50分間で1ページと2段落以上読めるように努力してみるのです。難しい単語の出てくる回数の多い少ないで、毎日が必ずしも「右肩上がり」とはいかないかもしれませんが。前日の記録を上回った場合は、自分を大いにほめてあげることです。その逆の場合については、「集中することと力の限界に挑むこと」の箇所でも述べたとおりです。

　「難解な書物」を読んでいると、意味のわからない言葉によく出くわします。そのような場合には、その言葉の意味を調べるために、読書を中断し辞書を開けなければならないことがたびたび起きてきます。楽しんでいる読書を中断されるほど、いやなことはありません。「いやだなあ！邪魔くさ～い！」と思うのはごく自然な反応です。私の場合は、頻繁に読書を中断せざるを得ませんでした。ある日のその時に、私の頭に一つのヒントがひらめきました。「もし中断するのがいやなら、中断しないために英語の語彙をふやすことだ。そうすればそれまでよりもすらすらと英書が読めるようになり、それだけ読書を楽しめることになるのではないか」と。その時の「ひらめき」がきっか

けとなって、私は英単語を暗記し、語彙を増やすことがあまり苦にならなくなったのでした。

　それはさておき、意味のわからない言葉に出くわした時は、「手間を惜しまず」の箇所で述べましたように、邪魔くさがらずに辞書を引き、その単語の意味、発音やアクセント、例文までていねいに読むことです。そして、読んだ上で、単語だけでなく、その文脈を理解するために意味の分からない単語が出てきた文章も1つひとつ「大判の大学ノート」にしっかりと書き留めるよう心がけることです。そして、手作りの「マイ単語集」を作り上げることを強くお勧めします。

　「Time is money.（時は金なり）」の諺があります。バスや電車の待ち時間や友達を待っている間、あるいは急に授業が休講になるなどして、思いがけず時間が転がり込んできた時などに、手作りの「マイ単語集」を取り出して、少しでも語彙が増えるよう英単語を覚える努力をするのです。すなわち意識して細切れの時間を最大限有効に活用することも、大事なポイントだと思います。

　学習者の中には、このような悠長なやり方では目に見える成果を期待できないのではないかとの疑問を抱かれる方もいらっしゃるかもしれません。しかし、「努力は人を裏切らない」、1歩1歩「読む」訓練を続ければ、その努力は必ずや実ります。「マイ単語帳」を作る過程で、英単語だけではなく、文章の一部、時には文章のすべてが記憶に残ることもあり、それが、後に述べる「書くこ

努力は人を裏切らない

と」や「話すこと」に役立つことになるからです。時間をかけてコツコツと自分の手で作った「マイ単語帳」だけあって、単語帳に記載されている英単語や英語の表現は、比較的思い出しやすい上に、暗記もしやすいという大きなメリットがあることも付け加えたいと思います。

「書くこと」について

　当たり前のことを言うようですが、洗練された格調の高い英語を「書く力」を身につける近道、その最善の方法は、英語を毎日「書くこと」です。「まねぶこと」の箇所で述べたように、日本の学習者にとって英語は外国語ですので、いくら頭を使って考えたり、理屈をこね回わしてみても、新しい英語の言葉や表現を発明したり創造したりすることはできません。英語を書く力を身につけ、それをさらに磨くには、英語を謙虚に「まねび」、英語をこつこつと毎日書くという訓練以外によい方法はないのです。

　そこで第1に、英語で日記を書くことをお勧めしたいと思います。それが、たとえ短いものであっても、です。1日の出来事の中で特に印象に残ったこと、書き留めておきたいと思ったことなどを、サボらずに毎日、日記に書き記すのです。ところで、その日記を私は「何でも書いてやろう」ジャーナルと呼んでいます。

　日記を書き始めた最初のうちは、日記が単語を並べただけの箇条書きの寄せ集めのようになるかもしれません。長さが2行か3行にしか達しないものになるかもしれません。しかし、それでよいのです。といいますのは、繰り返しますが、「英語を書く」力を身につける最善の方法は、英語を毎日「書くこと」にあるからです。そうすることで、人は自分の英語力や力不足をいやというほど思い知らされたり、あるいは逆に以前に読んで覚えたことのある英語の表現や、「マイ単語帳」を作った際に記憶に残っている英単語が、

自然と心に浮かんできて、救われたような思いになったりするからです。い
ずれにしても大切なことは、「Practice makes perfect.（習うより慣れよ）」
の諺のように、とにかく日常の生活の中で英語を書き続けること、すなわち
日課として毎日机の前に座って英語で日記をしたためることだと思います。

　第2に、格調の高い英語の「書く力」を身につける理想的な方法は、英語
を母語とする英語教師に定期的に自分が書いた英文を見てもらい、添削の指
導を受けることであると思います。もしこの学習法が可能であるならば、こ
れ以上によい方法はないかもしれません。しかし、そのような好条件に恵ま
れた学習者はめったにいないと思います。
　また、仮に英語を母語とする教師が英文の添削や指導を厚意で「Okay!（し
ましょう）」と言われたにせよ、それが永遠に続くとは限りません。さらには、
日本人に特有の「遠慮」から、数回お世話になったとしても、「もう結構です」
と辞退してしまうかもしれません。いずれにしても、学習の対象が英語であ
れ何であれ、他者の善意に大きく依存するような学習法には自ずと制約と限
界があると思います

　では、どのようにすれば英語の「書く力」を長期的にしかも持続的に鍛え
上げることができるのでしょうか。「依存からの脱却」の箇所で述べたように、
それは、人に頼らない自律的な英語の学習法を自分で編み出し、それを自分
のものとすることです。それには、具体的にどのような学習方法が考えられ
るのでしょうか。
　1つは、英語で書かれた短編小説を、自分の最も信頼のおける「先生」と
して迎えることです。例えば、仮にアメリカ人のノーベル文学賞受賞者アー
ネスト・ヘミングウェイを選んだとしましょう。そうすれば、そのヘミング
ウェイの名作である『老人と海（The Old Man and the Sea）』が、あなたの「先
生」となるのです。

もう少し詳しく説明しますと、まず、あなたはヘミングウェイの原作 The Old Man and the Sea と、その日本語訳本『老人と海』を手に入れましょう。その時から、ヘミングウェイの原作 The Old Man and the Sea があなたのよき「先生」となり、『老人と海』があなたの教科書となっていくのです。

まず、あなたは『老人と海』を取り出し、限られた時間（1ユニット 50 分）50 分内に教科書の日本語訳文をできるだけ多く英訳しようと心がけます。

新潮社・刊

その後、ヘミングウェイの原作 The Old Man and the Sea を取り出し、あなたが訳本から翻訳した英訳文と原文とをしっかりと丁寧に読み比べ、英語の文章作法を学んでいくのです。その時、ヘミングウェイ原作の The Old Man and the Sea があなたの「先生」となり、あなたはその「先生」から英語の文章作法を教わることができるのです。

ところで、この学習法の最大の利点は、いつでもどこででも、すなわち自分の希望する時間と場所で最も信頼のできる「先生」から英語を学ぶことができるところにあります。「集中することと力の限界に挑むこと」の箇所で述べたように、ポイントは、「昨日よりも今日、今日よりも明日、明日よりも明後日」のチャレンジ精神で、限られた時間内にできるだけ多く、そして格調の高い洗練された英語が書けるように励むというところにあります。ここでは「先生」としてヘミングウェイを取り上げましたが、「先生」がヘミングウェイに限ったことではありません。人が好む書物は多種多様ですから。

その他に、洗練された格調の高い英語を「書く力」を身につけるための教材として、英語圏の歌で日本語に翻訳された歌詞が考えられます。どの国においても、詩や歌詞を他の言語に翻訳するには、高度な言葉のセンス（語感）

が求められ、最も骨の折れる仕事の1つと言われています。たとえば、英語圏の歌の中のアイルランドの民謡「ダニーボーイ Danny Boy」は、素晴らしい日本語に訳されています。英語を「書く力」が、かなり上達してきますと、「ダニーボーイ Danny Boy」の日本語歌詞を英語化し、本物の Danny Boy と比べてみるのも1案かと思います。

歌詞・日本語訳（意訳）

O Danny boy, the pipes, the pipes are calling
From glen to glen and down the mountainside
The summer's gone and all the roses falling
'Tis you, 'tis you must go and I must bide.

ああ私のダニーよ　バグパイプの音が呼んでいるよ
谷から谷へ　山の斜面を駆け下りるように
夏は過ぎ去り　バラもみんな枯れ落ちる中
あなたは　あなたは行ってしまう

But come ye back when summer's in the meadow
Or when the valley's hushed and white with snow
'Tis I'll be here in sunshine or in shadow
O Danny boy, O Danny boy, I love you so.

戻ってきて　夏の草原の中
谷が雪で静かに白く染まるときでもいい
日の光の中、日陰の中、私は居ます
ああ私のダニーよ、あなたを心から愛しています

But if ye come and all the flowers are dying
If I am dead, as dead I well may be,
You'll come and find the place where I am lying
And kneel and say an Ave there for me.

すべての花が枯れ落ちる中、あなたが帰ってきて
もし私が既に亡くなっていても
あなたは私が眠る場所を探して
ひざまづき、お別れの言葉をかけるのです

And I shall hear, though soft, your tread above me
And all my grave shall warmer, sweeter be
For you will bend and tell me that you love me
And I will sleep in peace until you come to me.

私の上を静かにそっと歩いても私には聞こえる
あなたが愛してるといってくれたとき
私は暖かく心地よい空気に包まれるでしょう
私は安らかに眠り続けます
あなたが帰って来てくれるその時まで

「聴くこと」について

　日本語には、「きく」を意味する言葉に漢字の「聴く」と「聞く」があり、これらは使い分けて用いられています。「聴く」が、注意深く、集中して耳を傾ける、あるいは意識して身を入れて聞く場合に用いられるのに対し、「聞く」は、自然と耳に入ってくる音を耳で感じ取る場合に用いられます。英語にも同じように Listening と Hearing の2つの異なる単語があり、前者が日本語の「聴く」に相当するのに対し、後者は日本語の「聞く」に相当

すると考えられています。実際に、聴解力を試すテストとして、Listening Comprehension Testがありますように、英語の学習においてはHearing（聞く）力よりも Listening（聴く）力を身につけることが求められています。

　私は、英語を聴き、理解する力を身につける方法として次の２つがあると思っています。1つは、私が Active Listening と呼ぶ、能動的に英語を聴くことであり、もう１つは Passive Listening と呼ぶ、受動的に英語を聴くことであります。この２つの方法の違いはどこにあるか。その説明をするのに、ここではテレビやラジオなどのメディアを使うことにします。

　「能動的に聴く」は、テレビやラジオのスイッチを入れた瞬間、ニュースキャスターからまるで機関銃のように発せられる英語を、１語も聴き漏らさないように全神経を集中しながら追いかけ、聞こえてくる英語と同じように発声する発話活動のことを言います。大切なことは、英語が聞こえてくるのとほぼ同時に、そしてニュースキャスターの英語の意味がわかってもわからなくても、耳に入ってくる英語と同じように口に出して発声していくこと、すなわち「shadowing（シャドーイング）」の訓練を続けることです。
　シャドーイング訓練の目的は、英語がリズミカルな言語と言われるように、自分の耳が英語のリズムや抑揚、それに英語を母語とする人の話す自然の英語の速さに慣れるよう訓練することにあります。シャドーイング訓練には強い集中力が求められます。「習うより慣れよ」の諺があるように、この方法を投げ出さずやり続ければ、英語を母語とする人の話す速さがあまり苦にならなくなり、次第に聴解力が身についてくるでしょう。

　次に、「受動的に聴く」は内容理解の練習のことを言います。それは、テレビやラジオでニュースキャスターが英語で伝えるニュースの内容を理解する訓練のことを言います。比較的聴き取りやすい番組としては、CNN のニ

ュース番組がありますし、また、教養番組としては Discovery Channel などがあります。しかし、ニュースの性格や内容によっては難しくてよく聴き取れなかったり、あるいは聞きなれない言葉や表現に出くわしたりすることがあるかもしれません。そのようなときには、そばにメモ用紙を用意し、耳に聞こえてくる音をそのまま平仮名かカタカナですぐに書き留めておくのです。ニュースが終わると、メモ用紙に留めた音のアルファベット綴りを、勘を働かせながら綴っていきます。そして、綴ったその英単語の綴りが正しいかどうかを辞書で確かめるのです。その間、ハラハラドキドキです。想像した綴りが正しいとわかったときは、思わずガッツポーズをしたくなるような喜びを感じます。それは、毎日の苦しい訓練の中で手ごたえが感じられるうれしい瞬間です。確かなことは、このようなプロセスを通して覚えた英単語は、苦しくもあり楽しかった経験の1つとして長く記憶に残るということです。ところで、初めて耳にする英語のニュースやコメントを少しでも多く理解できるようになるためには、背景となる知識や情報を集めたり、あるいはその日のニュースを、あらかじめ日本語の新聞で読み、予備知識をもっておくことなども重要かもしれません。

　もう1つの方法は、映画、中でもお気に入りの洋画を2つ3つ選び、セリフが自然と口から出てくるようになるまで何度も繰り返し同じ映画を見ることです。今では古い映画ですが、私の好きな映画でお勧めは、ゲリー・クーパーとイングリッド・バーグマンが主演した『For Whom the Bell Tolls（誰が為に鐘は鳴る）』と、オードリー・ヘップバーンとグレゴリー・ペックが主演した『Roman Holliday（ローマの休日）』、それにジェームス・ディーンとジュディ・ハリスが主演した『East of Eden（エデンの東）』です。私にとってこれらの映画のストーリーは理解しやすく、また、映画俳優の発音も聴きとりやすくて、英語の聴解力をつける上で大いに役に立ちました。幸いなことに、これらはすべて DVD 化されており、レンタルショップで借り

たり、購入したりすることができます。また、活字になったスクリーン・プレイ（映画脚本）も市販されていますので、好きな時間に自宅で映画を楽しみながら、「聴く耳」を訓練することもできます。

　夢多き青春時代、私は土曜か日曜はほとんど近くの映画館に入り浸りでした。そして、一日中、同じ映画を繰り返し、繰り返し見ていました（ほとんどのシネマ・シアターや映画館では、現在予約制や時間制が導入されており、一昔のように観客は同じ映画を複数回見ることはできなくなりましたが）。
　私が映画館に入り浸りだった理由は、一応、映画を楽しむとか、英語力を身に付けるということになっていましたが、本当は、ロマンチックな映画の英語のセリフを覚え、いつか海外に行った時に使ってみたいと、私は夢見ていたのです。特に、『誰が為に鐘は鳴る)』のロマンチックなシーンでの、ジョーダンとマリアの言葉のやり取りは、1語1句も聴き逃さないようにしながら、何度も鑑賞したものでした。それから何年か経った1967年にアメリカ留学が実現した時、昔むかしに覚えた映画の英語のセリフの中の英語表現を使える機会が何度かあったのです。その時に、「ブルドーザー式英語学習法を実践していてよかった」と、ブルドーザー式英語学習法の「ありがたさ」を実感したのでした

映画の広告ポスター
左・「誰が為に鐘は鳴る」　中・「ローマの休日」
右・「エデンの東」

45

「英文法」について

　私が、英文法を7部門からなる体系的英語学習法の独立した1部門として位置づけているのは、英文法の知識が洗練された格調の高い英語の文章を書く上での不可欠な条件と捉えているからです。英文法が身についていないと、英語を話す時も思いがけない間違いや失敗をしてしまいます。たとえば、仮定法や現在完了、仮定法過去完了といった基礎的な英文法の知識は、英語でコミュニケーションをする時に頻繁に使いますし、案外間違って使っていることが多いと思います。もちろん人には失敗はつきものですし、失敗を恐れないことも大切ですが、まずは誤りが極力少なくなるよう心がけることが大切です。

　知識には2種類あり、1つは、必要な時にはいつでもすぐに活用できる知識で、私はそれを「使用知識（active knowledge）」と呼んでいます。もう1つは、必要な時に知識の引き出しから取り出さないとすぐに出てこない「休眠中の知識」です。私は、それを「静態知識（inactive knowledge）」と呼んでいます。英文法の知識について語る時、私は、必要な時にはいつでもすぐに活用できる「使用知識」を念頭に置いています。

　ところで、「使用知識」は、読者の皆さんが中学・高校の時に英文法の教科書で覚えた知識を指しています。その知識が少しあやふやになっているかなと思われる人は、中学・高校で使った英文法の教科書を引っ張り出し、それをやり直すことが一番だと思います。英文法の教科書は、その分野の第一人者が第一線の研究を踏まえ、初心者向けに（この場合は、中学生あるいは高校生）わかりやすい平易な文章で、英語の基本ルールや基礎知識を網羅し、説明している大変便利な書物です。私は、英語でコミュニケーションするには、中学や高校で習う英文法の知識で十分であり、英文法のおさらいをするために、新たに参考書を購入する必要はないと考えています。

　英文法を学ぶことにより、そこから得る楽しみとメリットは大きいと思っ

第2章　あなたの夢を後押しする「ブルドーザー式英語学習法」

ています。例を挙げますと、同じ動詞プラス ING の形であっても、使い方
によってそれが動名詞の場合であったり、分詞構文の場合であったりしま
すし、また、TO プラス動詞の形をした不定詞や、単文、重文、複文などは、
その使い方と役割を知ることにより、単に英語の表現の幅が広がるだけでな
く、学習者がその微妙な意味の違いに気づいた時は、感動すら覚えることが
あると思います。

　たとえば

　①Knowing is one thing and doing is quite another. と Do you mind
　　my smoking? との違い

　②He was very tired with working, and so he sat down to take a little
　　rest. と Being very tired with working, he sat down to take a little
　　rest. との違い

　③You must keep early hours to preserve your health.

　④Speak the truth, and you need to have no fear.

　⑤As it is now late, we had better go to bed.

　また、主語プラス動詞（S+V）の第一文型。主語プラス自動詞プラス補語
（S+V+C）の第二文型。主語プラス他動詞プラス目的語（S+V+O）の第三文型。
主語プラス他動詞プラス間接目的語プラス直接目的語（S+V+O+O）の第四
文型。それに、主語プラス他動詞プラス目的語プラス目的格補語（S+V+O+C）
の第五文型からなる5つの基本文型を学ぶことにより、日本語とは違う英語
の文章構造とその成り立ちをしっかりと理解することができると思います。

47

（例文）

第一文型	Time flies quickly.
第二文型	Honey tastes sweet.
第三文型	I know his name.
第四文型	Mother made me a blue sweater.
第五文型	I found the room empty.

　いずれにしても、私は、英文法を丸暗記し、いつでもすぐに使える状態にしておくことが極めて重要であると思います。「まねぶ」の箇所でも述べたように、中学・高校レベルの英文法を1から丸暗記すること、そのために1ユニットの50分も費やす必要はないかもしれません。しかし、英文法の「使用知識」を身につけていることが、いかに大切でかつ有用であるか、実際に英語を書く時や読む時に、さらには話す時に、身をもって痛感されるでしょう。

「語彙」について

　赤ちゃんや子供の成長過程を観察していますと、赤ちゃんは、両親、特に母親など周りの人たちからの語りかけや表情、しぐさを見て、1つ1つ言葉を学び、語彙を増やし、次には自分の感情をその言葉を使って表そうと日々成長していることがわかりますが、それは、私たちが英語を学ぶ姿によく似ています。「まねぶこと」の箇所で述べたように、英語を母語としない私たち学習者にとって、英語を学ぶ最善の方法は「まねぶ」ことであり、「まねぶ」ことの大切さを強調しました。

　また、大人の世界では、語彙が豊かであればあるほど、自分の意見や感情を手短にかつ的確に表わすことができ、また、自分の思いを正確に他者に伝えることができるといわれています。さらに、読書においても、語彙が豊かですと内容をしっかり捉えることができ、読むスピードも速く、読書が楽し

くなると言われています。

　私事で恐縮ですが、私は、英語を習い始めて数年は、英単語を覚えるのが億劫で苦手でした。ですから、英作文や英書講読の際には、できる限りすでに覚えている単語で済まそうとしました。そうしますと、英作文では文章が長くなり、内容も乏しいものになりますし、英語で書かれた評論や短編小説を読む際は、知らない難しい言葉に何度も出くわし、そのたびに読書を中断して辞書を引かなければなりませんでした。このような状態でしたから、英作文や英書購読はおもしろくない、楽しくないというのが私の正直な印象でした。

　しかし、ある日、このようなやり方をしていては、いつまでたっても英作文や英書講読が苦手だという苦手意識から抜け出すことができない。そこで、苦労してでも英単語を覚えてみようと思い立ったのです。そして、語彙が多ければ多いほど、辞書を引く回数は少なくなり、それだけ読むのが楽しくなることに気づくようになりました。その時から、できるだけ多くの英単語や表現を覚え、語彙を増やすよう心がけるようになったのです。その結果、英語で書かれたものを読むのが、徐々に苦痛に感じなくなってきました。やり方次第で、英書を読むのは実に楽しいものだとの実感を抱くようになったのです。この英単語を覚えてみようと思い立った瞬間が、私にとって英語への開眼の時だったと思います。

　ところで、語彙に関して、私は２通りの対策があると考えています。それは、ちょうど健康管理や筋肉トレーニングとよく似ています。といいますのは、１つは、現在の自分の体力を維持するためであり、もう１つは、さらなる強化をめざすものだからです。語彙についても同じことがいえると思います。１つは、現在の語彙力を低下させずにキープ（維持）する対策であり、もう１つは、今以上に語彙力をつける方法です。語彙力をキープするとは、現在、記憶している単語が、英語を書くためであれ、話すためであれ、いつでもどこでも使える状態にあり、それが保てているという意味です。

そのためにはどのような対策が考えられるでしょうか。私は高校生の時に、受験準備に使った豆単語集を教材に使うのが最も手ごろで最善だと思います。と言いますのは、高校時代に使ったものですと愛着があり、内容もよくわかっているからです。1例として、『活用本位ステップ単語集』（山海堂書店）をご紹介します。それは、英単語がステップ1からステップ5まで難易度別に5つの段階に分かれており、初心者にとっては大変使いやすい暗記用の単語集となっています。それを使って毎日少しずつ英単語を覚えていくのです。一度読み終えれば、何度もそれを繰り返し使うのです。そうすることが、英単語が必要な時に、いつでもすぐに活用できるになるためのコツであると考えています。

　もう1つの対策である、今以上に語彙力をつけるにはどのような方策が考えられるでしょうか。それについては、「読むこと」の中で、手作りの「マイ単語集」を作ることをお勧めしましたが、その「マイ単語集」を使って細切れの時間を上手に活用し、新しい語彙を1つでも多く覚えこんでいくのです。ところで、「マイ単語集」を活用するメリットは、そこに記載された英単語や難しい表現は、すべて自分で選んでリストアップしたものであるために、自分の記憶に比較的鮮明に残っており、気分的に暗記しやすい点にあります。

　それでは、どのように暗記すれば効率と効果が上がるのでしょうか。1例だけ挙げますと、「勉強はゲーム感覚で」と「集中することと力の限界に挑戦する」の箇所で述べたように、限られた時間内に確実に決められた数の英単語が覚えられるよう、常に自分の記憶力の限界に挑戦することです。たとえば、私は、お風呂に入る前に、水性のマジックインキやマジックペンで、その日に覚えたいと思っている英単語を5つ手のひらに書きます。水性ですのでお風呂の水がかかりますと、手に書いた英単語は滲むか、あるいは消えてしまします。従って、お風呂から上がるまでに、あるいは5つの英単語が

お風呂の湯で消えてしまう前に、必死に英単語を覚えようとすることです。つまり、「時間との競争」の中で「記憶力の限界への挑戦」というゲームをしながら、英単語の語彙を増やしているということです。私が、「勉強はゲーム感覚で」といいましたのは、英単語を覚える際に、果たして自分は1日にいくら新しい英単語が覚えられるか、自分を試す、自分の力の限界に挑戦するという意味でそのような表現を使いました。

　もう1点。私は、「自分との約束」の箇所で、約束したら必ず守ること、しかし、守れないと思う時、あるいは守る自信のない時は、まずは守る努力をしていただきたいと述べました。「ブルドーザー式英語学習法」において、新しい英単語を「ゲーム感覚で」覚える際に、私の場合はお風呂に入る時の5個を含め、1日に10個覚えることを日課としました。それはどういう意味かと言いますと、もし予定通り単語を10個覚えることができれば、自分をしっかりとほめます。前述したように、それは、翌日に向けて更にやる気を起こさせるためです。しかし、もし結果が10個未満である場合は、落ち込んでしまうのではなく、「The Human has the Right to Forget（人は忘れる動物である）」ことを自分に言い聞かせて、自分を慰めることにしています。いずれにしましても、大切なポイントは、新しい英単語を暗記し、語彙を確実に増やしていくことにあります。

「コンピュータを使って文字化すること」について

　「書くこと」の箇所で述べたように、洗練された格調の高い英語を書く力を身につけるその最終的な目的は、自分の考えや意見を誰にとっても読みやすく、わかりやすい形で多くの人たちに伝えることにあります。そのためには、内容はもちろんのこと、書かれた英語の文章が、誰の目にも読みやすいことが大切です。世の中には、ペンマンシップを習い、美しくて読みやすいアルファベット表記で英語を書く人も少なくないと思います。手書きで英語

を書く人は、読む人に判読しやすい書法で書くことを常に心がけることが大切で、それが読み手に対し親切であると言えるかもしれません。

　日記を英文で書いたり、邦訳の短編小説や評論を英語に翻訳したりして、「書く力」を訓練する際に、手書きで練習することにまったく問題はないと思います。しかし、公式な文書や報告書を作成する場合は、英語の文章を自分以外の多くの人に読んでもらうことになります。コンピュータのような情報機器が発達した現在では手書きというわけにはいかないでしょう。それには、万国共通の印字が求められるでしょう。

　私事で恐縮ですが、私が若かりし頃は、まだコンピュータは世に出回っていない時代でしたので、毎日、決められた時間にタイプライターの練習をして、将来のために備えたものでした。コンピュータは、タイプライターの役割をする他に、世界中から多種多様な情報を瞬時に収集したり、発信したりすることができることから、大変便利な文明の利器です。今では、スマートフォンで簡単な文章のやり取りが可能になっていますが、将来公式な文書や報告書を書けるために、できるだけ若い時に、パソコンのキーボードを使って、英語の文章を書いたり入力したりする練習をしておくことも大切だと思います。

「話すこと」について

　この「話すこと」の部分は、海に浮かぶ氷山にたとえた「ブルドーザー式英語学習法」の最後の部分になります。「書くこと」の箇所で述べたように、英語で表現し、さらには流暢に話せるようになるには、毎日休まずに英語を話す訓練をする以外によい方法はないと思います。では、英語が流暢に話せるようになるには、どのような訓練をすればよいのでしょうか。次に、効果的な訓練と思われる例をいくつか紹介したいと思います。

　1つは、日本語にない音で、日本人にとって発音するのが難しい音を発音

第2章　あなたの夢を後押しする「ブルドーザー式英語学習法」

する訓練、すなわち滑舌をよくするための訓練があります。たとえば、多く
の日本人が（ス）と発音しがちな〔th〕の〔θ〕や〔ð〕の音、日本語の（ツ）
の発音と似ていますが、それとは違う〔ts〕の音などがその好例です。これ
らの音を正しく発音できるようになるためには、その音が含まれている短い
文章を丸暗記して、滑舌がよくなるよう何回も練習します。私が大学の英会
話の授業で習った5W1Hの例文を挙げてみますと、

Where's the fire?　　　　　　　It's on the fifth floor.
　（火事はどこ？）　　　　　　　　（5階です）

When's the party?　　　　　　　It's at six-thirty.
　（パーティはいつ？）　　　　　　（6時半です）

Who's that man?　　　　　　　　He's the sixth speaker.
　（あの人は誰？）　　　　　　　　（6番目の話し手です）

Why's the bell ringing?　　　　　It's three o'clock.
　（なぜベルが鳴っているの？）　　（3時だからです）

What's the matter?　　　　　　　He's thirsty.
　（どうしたの？）　　　　　　　　（喉が渇いています）

How's the weather?　　　　　　　It's thawing.
　（天気はどう？）　　　　　　　　（雪解けです）

　次に、2つ目の練習法として英文の暗唱が考えられます。その練習方法と
は、中学1年から3年まで使った「英語リーダー」の教科書をレッスン1
からレッスン30まで、1日1課ごとに丸暗記し、それを暗唱することです。
この訓練は、やさしい「英語を話す」よい練習になるだけでなく、「活きた」
英文法や英作文の力をつけるためにも極めて有効的な方法です。是非、試し
てみてください。

53

さらには、著名人の比較的短い演説や名文を1部抜粋して、それを暗記し、暗唱することも1案です。著名人の演説では、南北戦争期のアメリカ大統領アブラハム・リンカンの"Four score and seven years ago, our fathers brought forth on this continent……の言葉で始まる「ゲティスバーグの演説」や、第35代アメリカ大統領ジョン・F・ケネディの"We observe today, not a victory of a party, but a celebration of freedom……"の言葉で始まる就任演説があり、また、著名人の名文としては、ウィリアム・シェクスピアの作品『JULIUS CÆSAR（ジュリアス・シーザー）』の Act III, ii の中の、雄弁家マーク・アントニーの"Friends, Romans, countrymen, lend me your ears……"の言葉で始まる有名な「せりふ」などがその1例として考えられます。

1961年1月／ジョン・F・ケネディ大統領の大統領就任演説　ワシントンD.C

　前述したように、短い演説や名文を暗記して暗唱するこの方法は、忙しい日々の生活の中で細切れの時間を有効活用できる点でも、大変効果的だと思います。ちなみに、著者は、入学式や卒業式の時のように、英語であいさつをする直前には、頭と口を英語に慣れさせるために、著名人の演説の一部を口ずさむことにしております。

第2章　あなたの夢を後押しする「ブルドーザー式英語学習法」

　3つ目の「話すこと」の練習法としては、英語関係のイベントに積極的に参加することが考えられます。たとえば、英語で行われる授業や、英会話の授業それに英語で行うプレゼンテーションなどの機会を前向きに活用すること、それに学内の英会話クラブである English Speaking Society（ESS）が催す様々な活動やイベント、たとえば英語弁論大会やディベート大会に積極的に参加すること、そしてその全国大会にもふるって参加し、日頃、鍛えた英語力を試してみることも1案かと思います。さらには、1週間に1度は英語の映画を見て、外国の文化に浸ることも、これまた1案かと思います。

　前にも述べましたように、英語の総合力は「海に浮かぶ氷山」のようであり、英会話力は、氷山の「1角」に過ぎないという点です。海面に突き出た氷山の1角が、水面下の9割の部分によって下支えされているように、英会話力も、残りの6部門によってしっかりと下支えされているということを、今1度しっかりと心に留めておくことが大切だと思います。

知っておくと便利な「英語フレーズ集」

　これらの英語の表現やフレーズは、国内・国外での私の様々な経験から、「これを知っておくと便利で役に立つ」と思われるものを厳選したものです。緊急事態が発生しキャンパスでSOSを求める海外留学生への対応、海外留学や海外旅行をした際の非常時緊急支援、大学での英語による講義やゼミ、外国人との交渉などの際に、列記した表現やフレーズを知っておくと便利でうまく対応できると思います。

キャンパスでSOSを叫ぶ留学生を救う

A 非常時緊急支援

①助けて！ 誰か？
　　Help! Is there anyone who can help me?

②すぐに医者を呼んで！
　　Call the doctor right away!

③すぐに救急車をお願いします！
　　Call for an ambulance right away, please.
　　(Please give me an ambulance right away.)

④今すぐお医者さんを呼びますから、がんばってね。
　　We will call the doctor immediately. Hang in there!

今すぐお医者さんを呼びますから…

⑤落ち着いて！
　　Calm yourself.　Stay calm.　Don't panic.

⑥救急車が今向かっています。

　　An ambulance is on the way.

⑦救急車が手間取っています。

　　The ambulance was long in coming.

B 病院での医者との対話

①日本語か英語を話す医者はいますか。

　　Is there a doctor who speaks either Japanese or English?

＜問診＞

②どうされたのですか。

　　Anything wrong?

　　What's wrong with you?

③何があったか正確に話してください。

　　Tell me exactly what happened.

医者の問診

④私にはまったくわかりません。

　　I haven't got the least idea.

⑤服を脱いで。

　　Take off all your clothes except your shorts.

⑥今何か薬を服用していますか。

　　Are you taking any medication now?

＜アレルギー＞

⑦何か抗生物質にアレルギーはありますか。

　　Are you allergic to any antibiotics?

⑧体温をはかる。

　　Take one's temperature.

⑨血圧はいくらですか。

　　What is your blood pressure?

⑩まあ普通です。

　　More or less normal.

⑪高血圧です。

　　I have high blood pressure.

⑫脈をとる

　　Let me take your pulse.

⑬緊急手当

　　Emergency treatment

脈をとる

＜診察と治療＞

①次は私の番ですか。

　　Do I come next?

②この人の方が先です。

This gentleman happens to be in front of you.

③どうぞこちらへ

Step this way, please. This way, please.

④おかけください。

Come in. Have a chair.

⑤お医者さんにすべてを話した。

I told all my symptoms to my doctor.

⑥注射する

Give a shot

⑦調剤してもらう。

To get a prescription filled at a pharmacy

⑧毎週月曜日に診察に来てください。

Come for check-up on every Monday.

＜診察料の支払い＞

⑨いくらぐらいでしょうか。

Could you give me an idea of how much it will be?

How much do you charge?

⑩医療保険に入っていますか。

Do you have medical insurance?

⑪健康保険はききません。

Social welfare insurance is not acceptable.

＜症状＞

▪ 嘔吐

①吐き気がする。

I am nauseous.

②いつから嘔吐し始めましたか。

When did you start throwing up?

③食べた物にあたったかもしれない。

I'm afraid I am food-poisoned.

▪ 腹

①下痢です。

I have loose bowels. I have diarrhea.

②便秘です。

I'm constipated.

③胃が悪い

To have intestine trouble or To have stomach trouble

④腹が痛い。

I have a stomachache.

⑤家で体を休めなさい。下剤を差し上げましょう。

Keep indoors. Lie down and rest. I will give you a dose of purgative.

⑥すっとする。

It's refreshing.

▪風邪

①風邪で気分が悪い。

I feel wretched with a cold.

②寒気がしますか。

Are you feeling chilly? そうです。That's it!

③熱があります。

I am feverish.

④鼻声と鼻が出る。

I still have a nasal voice and my nose runs.

⑤百日咳

Whooping cough

⑥昨夜は咳がひどくて、さぞかしつらかったでしょう。

You had a bad cough last night. It must have been trying.

寒気がしますか

鼻声と鼻が出る

⑦夏の風邪はつらい。

A summer cold is quite nasty. A summer cold is rather trying.

⑧なかなか治らない

I can't get rid of it. I can't get over the cold.

⑨一ヵ月にもなる。

It has been dragging over a month.

⑩風邪を見くびらないで。

Don't make light of your cold.

⑪こじれたら肺炎になり、命取りになります。

When a cold gets complicated, it may easily develop into pneumonia.
Then it becomes fatal.

⑫喘息の気がありますか。

Are you subject to asthma?

⑬喘息で苦しい。

She gets an attack of asthma. It causes difficulty in breathing.

⑭あなたは喉の感染症にかかっているようです。

It looks like you have a throat infection.

⑮扁桃腺が腫れて、唾さえ飲み込めない。

My tonsil has swollen so that I cannot even swallow saliva.

第2章 あなたの夢を後押しする「ブルドーザー式英語学習法」

- 頭痛

①頭が痛い。

I have a headache.

②頭が痛くて気分が悪い。

I feel miserable with a headache.

③めまいがします。

My head swims around.

- 痛み

①激痛

To have an acute pain

②あっ！痛い！

Ouch! It hurts!

③腰に痛みがあります。

I have a pain in my lower back.

④痛くてうずく。

It throbs with pain.

⑤体中が痛くて、寝返りもできません。

Every bone in my limb aches. I can't even turn sides.

63

▪ 耳

①耳が遠いのです。

Please say that again. I am a bit hard of hearing.

②耳鳴りがします。

My ears ring.

▪ 皮膚

①やけどをしました。

I scorched my finger.

②腕に発疹があります。

I have a rash on my arm.

③できものが膿んできました。

The boil (できもの) or the pimple (にきび) has come to a head.

④つぶさないで。

Don't crash it.

⑤膝に打ち身があります。

I have a bruise on my knee.

⑥打撲傷ですんでよかった。

You are lucky to get away with a bruise.

⑦これぐらいのけがでよかったよ。

You are lucky to get away with a scratch.

It's nothing very serious. It's just a scratch.

▪ その他の表現とフレーズ

体がだるい。

Occasionally I feel fatigued.

神経過敏です。

I am a bundle of nerves.

しゃっくり

I have a fit of hiccup.

安心しなさい。

Be at your ease. You will be out of the hospital in 3 weeks.（安心しな
さい。3週間もすれば退院できるでしょう。）

怖いことはありません。

There is no call for being alarmed.

困った時の案内の仕方─警察や役所勤務の職員などの対応

■自動車事故

①自動車が動かなくなりました。

My car got stuck on the way. I'm in trouble. Could you help me?

②事故に合う。

To be in an accident.

My father was in an accident yesterday, and he is unable to report to work today. （私の父は昨日、事故にあいましたので、出勤できません。）

③正面衝突

A headlong collision

④危ない！

Watch out!

⑤思い出しても身震いがする

I shudder even at the very thought of it.

The thought of it makes me shudder.

⑥かすかに覚えている。

I have a vague idea (a hazy memory) of …

⑦気がつくと、病院のベッドの上で横たわっていました。

When I came to myself, I found myself lying on my back in a hospital bed.

■警察・救急車、消防車

警察を呼んで！

Call the police, please!

火事だ！ すぐに消防を呼んで！

Fire! Please call the fire department right away!

救急車が今向かっています。電話はこのまま切らないでください。
　Please stay on the line. An ambulance is on the way.
　I'm organizing the paramedics to help you now. Stay on the line and I'll tell you exactly what to do next.（今救急隊員を手配しています。電話は切らないでください。）

■電話
①そのまま待ってください。
　Hold it a minute (or a second).
　Hold the line!
　Hold on!

電話は切らないでください

②そちらはどなたですか。
　Who's this calling, please?

③聞こえますか。
　Can you hear me?

④おっしゃっていることがよく聞こえません。
　I can't hear you well.

⑤ご用件を受け承わりましょうか。
　May I take your message?

⑥どうか、用件をお伝え願います。
　Could I leave message, please?

⑦また後程、こちらからお電話します。

I'll call you back later.

I'll give you a ring back later.

⑧話し中です。

The line's busy.

⑨すみません。今手が離せません。

Sorry! I am much occupied just now.

■自分の行き先や道をたずねる時

①ここはどこですか。

Where are we?

Where am I?

②行く道がわかる。

Find one's way

Do you think I'll be able to find my way to the train station from here?

（ここから駅までの道がわかるでしょうか。）

③家まで送ってあげましょう。

I will see you home.

④案内する。

Show you around.

I will take you to Kyoto on my next trip and show you around.

（次の京都旅行の際にはあなたを連れて、京都案内をしてあげましょう。）

⑤もうすぐ着きます。

We're almost there.

■日常の会話の時

①こんにちは！

Hello, there!

②いかがですか。

How's everything?

How are you doing?

③気分は上々です。

Couldn't be better.

I can't complain.

④それは結構ですね。

That's nice.

Great.

Super.

⑤おわかりですか。

Follow me? Get it?

⑥どういたしまして。こちらこそ。

Don't mention it. The pleasure is mine.

■レストランで

①何かご用ですか。

　　What do you want?

　　What can I do for you?

②レストランの予約を4人お願いします。

　　I'd like to make a reservation for a party of four.

③何人ですか。 2人です。

　　How many? We are a party of two.

④席は決まっているのですか。

　　Is there any seat planning?

⑤いや、別に。

　　Not really. Any seat you like.

⑥ずっと奥までお進みください。

　　Please all the way down.

⑦すぐに戻ってきます。

　　I'll be right back.

⑧デザートには

　　for dessert

　　What do you want to have for dessert?

⑨トイレへ行く

　go to the bathroom

　I want to go to the bathroom.

　I want to wash my hands.

⑩（レストランなどで）勘定をお願いします。

　Give us a check, please.

　The bill, please.

■英語の講義や会議、交渉の場で
・会議やミーティングを開始する時
①それでは始めましょう。

　get started　Let's get started.

　get under way　If everyone is ready, let's get under way.

②まず、はじめに。

　To start with,

　To begin with,

　First of all,

進行

・一般的な事柄を言った後、それに対する意見を求める時
あなたのご意見は？

　What do you think?

　Please give us a sense what you think.

　What do you say to that?

・個人的な意見を求められた時
①お断りから始めさせいただきます。
　　　Let me begin with a disclaimer …

②私の意見は……
　　　My reading of the situation is that …
　　　My sense is that …

③要するに私の言いたいことは……
　　　The point I am making is …
　　　The point is …
　　　What I am trying to say is that …

自分の意見を述べる

④間違っていましたら直してください。
　　　Correct me, if I am wrong.

・発言しているときに話が遮られ、その後、発言の番が自分に回ってきた時
①どこまで話していたっけ。
　　　Where was I?

②あっ、そうそう。
　　　Oh, Yes. I was talking about …
　　　I was going to say …
　　　What I was going to say was …
　　　What I meant to say was …

③私が言わんとしているのは、まさにそれなのです。

That's exactly what I am saying.

④私の質問は……

The question I have is ….

⑤要するに、

What it amounts to is that …

In sum, …

⑥煎じ詰めればこうなります。

It all boils down to this.

⑦実を言うと……

As a matter of fact,

As a matter of fact, he is pretending to be very ill.

・相手の言っていることがわからない時

①繰り返し相手に発言を求めたい時

Sorry, I don't get it. Say that again, please.

②それはどういう意味ですか。

What do you mean by that?

③他に何かおっしゃりたいことは……

Is there anything else you want to say?

④遠慮なく言ってください。
　　Come out and say it.

⑤あなたのおっしゃっていることはわかります。
　　I know what you mean.

⑥その点についてはあなたの意見は正しいです。
　　You're quite right about that.

⑦そのとおり。
　　Absolutely.　You are quite right.

⑧大賛成です。
　　I'm all for it.
　　I'm strongly in favor of it.

⑨それに近いですね。
　　Something like that.
　　I would say so.

⑩私にはまったく理解できません。
　　It doesn't make any sense to me at all.

⑪残念ですが、反対せざるを得ません。
　　I have to respectfully disagree …

批判・反対意見を述べる

・話題を変えて、議論を前に進めたい時

①その話題はそれくらいにして、次に進みましょう

Let's leave it there and move to the next subject, shall we?

②本論に入りましょう。

get down to business

Let's stop fooling around, and get down to business.

③一時的に棚上げにする

put something on the back burner

He says that he will put all his other projects on the back burner for a while until he finishes writing his new book.（彼は、新しい本を書きあげるまでは、他のすべての企画を一時的に棚上げすると言っています。）

④最優先事項として扱う、最大の関心事として取り扱う

put something on the front burner

priortize something over something else

carry out triage on emergency patients

⑤取り上げるべき問題とは……

The problem that needs to be addressed is that …

The problem that we need to address is that …

⑥言いたくはないのですが……

I don't mean to say, but …

I hate to say, but …

It's awful to say, but …

⑦進む方向は間違っていないです。

We're on the right track.

⑧問題の核心に触れる

get down to brass tacks

Tomorrow I am going to see the chief and will get down to brass tacks.

（私は、明日、上司に面会して、問題の核心の話をしようと思っています。）

⑨問題の核心に触れていない、上っ面をなでているだけ

Scratching the surface

⑩それは実施可能な企画ですか。

Is that a doable proposition?

⑪それのマイナス面は……

The downside of it is …

⑫大所高所から

from a broad perspective

This is a complex problem which must be considered from a broad

perspective.（これは、大所高所から検討する必要のある複雑な問題です。）

⑬事実を間違いなく把握する

get the facts straight

Can't you learn to get the facts straight?

⑭そのものずばりを当てる。

hit it right on the head

You hit it right on the head.

⑮要点は、要するに、……

The bottom line is that …

⑯的を絞る、狙いを定める

zero in on …

The detective zeroed in on him as the prime suspect.

（刑事は彼を最も重要な容疑者として狙いを定めていた。）

⑰それは主客転倒ですよ。

It's a case of the tail wagging the dog.

⑱異論はありません。

I have no quarrel with that.

⑲敢えて繰り返して言えば……、

At the risk of repetition

⑳マジ？ご冗談でしょう。

You must be kidding.

No kidding

You can't be serious about that.

㉑話はつまらなかった。

  The talk was so boring.

  His talk was cut and dried.

㉒お門違いですよ。

  You are barking at the wrong tree.

㉓余談をする、横道にそれる

  You are beating around the bush.

㉔もっと具体的に、はっきりと。

  Be more specific.

㉕それを信じると信じざるとにかかわらず。

  Believe it or not, I was voted "the teacher of the year."

㉖わかりましたか。

  Do you follow me?

  Did you get it ?

㉗了解させる

  get across

  I hope I am getting it across to you.

㉘わかった

  I got it.

  Got you.

㉙私にはわかりません。

It's beyond me.

㉚ （議長が）「どうぞ」

The floor is yours.

㉛略して言えば、

for short

We all call our vice president VP for short.

（私たちは、副社長のことを略して VP と呼んでいます。）

㉜最後の発言権を持つ

have the final say

Who do you think has the final say around here?

㉝まぐれあたりで言ってみる

hazard a guess

Let me hazard a guess.

㉞精通している

have something at one's fingertips

He seemed to have all sorts of knowledge at his fingertips; we could scarcely finish a question before he had answered it.

（彼はすべてのことに精通しているようだ。質問を終えないうちに答えるのだから。）

㉟…は認めるとして、

Granted that …

Granted that you are his senior, the fact remains that he beat you to it.
（君は彼よりも年上であることは認めるとしても、その点に関しては彼にはかなわないよ。）

㊱あらましを説明する

give an overview of …

I will give an overview of our company's new project.
（わが社の新しい企画についてあらましを説明しましょう。）

㊲考え抜く

think through

Have you thought through this complex problem of the modern world?
（君は、現代の世界が抱えているこの複雑な問題について考え抜いたことがありますか。）

㊳密接な関連がある

be germane to …

The fact is germane to this issue. （その事実はこの問題に密接な関連がある。）

㊴ I can't に代わる婉曲的な表現として、

I am not prepared to …

I am not in a position to …

㊵やわらかく忠告や提案を行うときの表現として

It might be a good idea to 動詞

May I suggest that …?

※ 表現として You had better 動詞もありますが、これは上から目線の
表現です。

㊶すっかり準備が整いました。

I'm all set.

I'm all set to leave for my vacation.（休暇の準備がすっかり整いました。）

㊷いかにも……だが、

To be sure,

She's not perfect, to be sure, but she is pretty.（彼女は非の打ち所が
ないというわけではありませんが、美人であることは確かです。）

㊸丁寧に、長々と

At great length,

Dwell on the subject at great length.

（その問題について丁寧に説明しなさい。）

㊹どうもそんな気がする、そんな気がしてならないんです。

I keep thinking in the back of my mind that …

㊺いつものことなんだ。

That's what happens all the time.

㊻それでよろしいですか。

Would that be all right?

㊼これはどうですか。

How about this one?

㊽私の知る限り……

As far as I know,

㊾すでに述べたように……

As I mentioned earlier,

㊿やっかいな問題は……

The trouble is …

(51)同じ理屈で……

By the same token

The planets spin around the sun. By the same token, the moon runs around the earth.（惑星は太陽の周りを回転している。同じく、月も地球の周りを回転している。）

(52)噂によると、

Someone told me that …

(53)要約しましょう。

wrap up

Let's recap.

Let's recapitulate.

(54)会議で前向きな意見を述べる人

a facilitator

(55)負けてもくよくよしない人

a good loser

Be a good loser.

(56)利害関係のない第三者

a disinterested third party

(57)あの人は退屈な人だ。

He is a bore.

(58)彼はおしゃべりです。

He is a big mouth.

■他に押さえておきたい表現とフレーズ

(あ)

あなたの判断で。

To your discretion

I leave it to your discretion.

明日にしてください。

Please make it tomorrow.

ありがた迷惑

It's just a thankless job.

預かってくださいませんか。帰りに取りに来ますから。

May I leave it with you?（Will you hold it for me?）

I will pick it up on my way home.

頭はいいが、かわいそうなことに彼は酒におぼれている。

He has plenty of brains, but a pity of it is that he is given to drinking.

…あきる

get tired of …

I'm getting tired of this tie.

あなた次第。

It's up to you.

あちこちに

here and there

I see those things here and there nowadays.

（い）

言うまでもなく。

It goes without saying that …

一からやり直し。

To start it all over again

We have to start it all over again.

活きるか死ぬか、イチかバチか

a do-or-die game

This is a do-or-die game for us.

（う）

生まれ変わったような気がする。

feel like a new person

I feel like a new person.

上から下まで

from head to toe

He examined me from head to toe.

失うまいと用心を怠らない　自分のものを取られまいと用心する

be jealous of one's right; be jealous of one's time

動かなくなる

get stuck

I'm sorry I'm late. I got stuck on the way.

（え）

遠慮なしに尋ねてください。

Feel free to ask questions.

（お）
思い当たることがある。

Ring a bell

お手やわらかに

Easy, easy!
Be gentle.

あー！思い出した。

Oh! I've got it.

とてもおよばない。

a far cry
You may say I am a good piano player, but I am a far cry from a real pro.

実は臆病者だ。

He talks big. In fact, he is chicken-hearted.

（か）
陰で

Who's pulling the strings behind the scene?

もう我慢ができないよ

I can't take it anymore.
I can't put up with it any longer.

肩すかしを食わせる

give the cold shoulder

I went to see Mr. Brown as you told me to, but he gave me the cold shoulder.

（き）

きっぱりと

Point-blank

She refused point-blank.

行間を読む。

Read between the lines

肝を冷やす、死ぬほど恐い思いをする

be scared to death

When a shark came up behind me, I was scared to death.

気が変わる

change one's mind

Well, I changed my mind.

基礎から

From the ground up

You can't get to the top at once. You must work on it from the ground up.

切り詰めて言う

> To make a long story short,
>
> To put it in a nutshell,

(く)

くたばれ！

> Down with … !
>
> Drop dead!

首ったけ

> head over heels in love
>
> I've been head over heels in love with you ever since I met you.

ぐずぐずする

> dillydally
>
> You can't dillydally any longer.

(け)

まあ結論的に言えば。

> In the final analysis
>
> In the final analysis, all you have to remember is that in Rome you do
> as the Romans do.

(こ)

口頭でなく、書面で。

> In writing

転ばぬ先の杖　未然に防ぐ。

Precaution is better than cure.

A stitch in time saves nine.

それはご免こうむりたいです。お断りしたいです。

I must beg off now.

ここにあるよ。

Here it is!

これでいい？

good enough

Is this good enough?

（さ）

最小限に言っても。

To say the least, …

You are a little bit selfish yourself, to say the least.

（し）

仕方がない。

It cannot be helped

親切は身近なところから。

Charity begins at home.

死力を尽くしての……

    in a last-ditch attempt to 動詞

時間の使い方をよく計画して無駄をしない

    budget one's time

    I budge my time very carefully and keep myself occupied every minute.

しばらくの間

    For a while

    I'm going to lie down for a while.

人生なんてそんなもんだよ。

    That's the way it is.

    That's life.

（す）

好きだ

    go for …

    I go for golf.

少しお話していいですか。

    I won't take much of your time. Can I have a talk with you?

（せ）

正確に言えば。

    To be exact, …

成長の悩み

Growing pain

I used to have the same kind of growing pains, when I was a boy.

盛衰を繰り返す物語

a story of the ebb and flow

（そ）

それで全部？それきり？

Is that all?

そんなことをするものじゃない。

You know better than that!

それにちがいない。

No doubt about it.

それはよかったね。

Good for you!

そんなもんだよ。

That's the name of the game.

That's all there is to it.

ぞっとする

Feel creepy

It makes me feel creepy.

(た)

多分、どうも、こうなりそうだ。

The chances are …

The chances are the boss may send me to Tokyo.

(ち)

ちょっと忘れた。

It has slipped my memory.

ちょっと話があります。

Can I have a word with you?

ちょうどいいところへ来た。

You came in the nick of time.

ちょっとやそっとのことでなくならない

die hard

Old traditions die hard.

(つ)

ついでに。

In passing / I thought…

冷たい雰囲気を和らげる

break the ice

Your sense of humor will help break the ice.

（て）

停電です。

The electric current is off. I believe it is a black-out.

（と）

どうして。なぜ。

How come?

どうしてそれがわかったのですか。

How do you know?

それはどういうわけ？

How so?

どんなことがあっても。

Under any circumstances

Since you have a little fever, I don't want you to go out today under any circumstances.

ここまで出ているのだが、どうしても思い出せない。

It is on the tip of my tongue, but I don't recall his name.

どんなことがあっても。

No matter what. I am going to America to study no matter what.

捕らぬ狸の皮算用

count one's chicks before they are hatched

There you go again, counting your chicks before they are hatched.

時々

every now and then

He breaks into the front page every now and then.

どういたしまして。

You bet.

No problem.

(な)

長い目で見れば。

In the long run

それは難題です。

It's a big order.

何もかも

everything under the sun

We just talked about everything under the sun.

何とかなりそうだ

get somewhere

I think I'm getting somewhere with this.

何かほしいですか。

Do you care for anything?

Do you care for anything else?

このようになればいいのに

have fingers crossed

I hope the boss is going to give me a raise. I'll have my fingers crossed.

（ね）

猫かぶっている。

A wolf in sheep's clothing. He plays the hypocrisy.

（ひ）

ピンとくる

click

What he meant has just clicked with me.

最上から最低まで（ピンからキリまで）

from A to Z

There are all kinds of pearls, from A to Z.

びっくりしないでくださいよ！

Brace yourself.

まあ、一口おあがりください。

have a bite

Oh, this chocolate tastes good. Won't you have a bite?

(ふ)
侮辱のダブルパンチを食らわす、踏んだり蹴ったりのめにあわす
 add insult to injury

(へ)
著しい変貌を遂げる
 undergo a huge sea change

(ほ)
本当のことを言えば
 To tell you the truth,
 To tell you the truth, I am broke right now.

(ま)
まったく思い当たらない。
 What you are saying does not ring a bell at all.

全く思い当たらない

まあね。
 In a way, yes.

またか。またやったね！
 Here you go again!

まさか！
 Don't tell me!

驚き・困惑

それで間に合う。

May I use your pen? Of course. It will do.

ちょっと待って

Hold it!

（み）

英語の実力に磨きをかける

brush up on one's English

I want to brush up on my English.

みせかけ　体裁を繕うこと

Window-dressing

（む）

虫のしらせがする

I've got a hunch that …

無駄になる 無駄になっている

go down the drain

I was on a train this morning and my contact lens fell out, but it was so crowded that I couldn't look for it. Thirty thousand yen went down the drain just like that.

（め）

面と向かって

face to face

Don't be afraid to talk face to face with anyone.

どうぞ召し上がってください。

help yourself to …

Please help yourself to sugar and cream, as you like.

（も）

もし、どうしてもとおっしゃるなら。

If you insist.

もちろんですとも、いいですよ。

No problem.

Sure thing.

物事の性質上

By the nature of things

By the nature of things, you can't be so definite in advance.

（や）

やってみないとわからない。

It remains to be seen.

やめる

cut it out

Smoking again? You had better cut it out altogether now.

役に立たない

good for nothing

It's good for nothing.

（よ）

要点を。

To the point

I'll come to the point right away.

よい方に向かう

change for the better

Here is hoping that our relations with that country will change for the

better.

（ら）

一向にらちがあかない

get nowhere

I'm getting nowhere.

（ろ）

論より証拠

The proof of the pudding is in the eating.

（わ）

悪いこと言わない。彼とは距離を置くように。

Take my advice. Keep him at arm's length.

悪い方に向かう

change for the worse

I hope the world situation will not change for the worse.

第3章

アメリカ留学

留学に向けての志しと当時の世情

　1964 年に私は大学に入学しました。そして、日本人の海外渡航がやっと
自由化されたのは、東京オリンピックを半年後に控えた 1964 年 4 月 1 日の
ことでした。海外渡航が自由化されたと言っても、「年 1 回、外貨持ち出し
額も 500 ドルまで」という制限付きで、当時 1 ドルは 360 円でしたので、ア
メリカへ留学するということは、非常に難しい時代でした。

　1960 年の大統領選挙でジョン・F・ケネディが、43 歳の若さでアメリカ
合衆国の大統領に選ばれました。若くて知的でハンサムなケネディの姿は、
まさに当時の「アメリカ」そのもののように感じられたものでした。明るく、
エネルギーに満ち溢れた「アメリカ」は、世界の人々のあこがれの的で、「ア
メリカに留学すること」は、当時の日本人学生の大きな夢でした。私も、ア
メリカ英語が話されているアメリカへ留学し、そこで自分の英語力を試して
みたいと常に思っていました。

　当時、海外留学するには、私は、大きく分けて二通りあると考えていまし
た。1 つは、アルバイトなどをして貯金し、その資金で留学する、いわゆる
私費留学で、もう 1 つは、他者から資金援助（奨学金）を受け、留学の夢を
実現する公費留学でした。

　そこで、私はアメリカ留学を実現するすべを真剣に考え始めました。私費
留学の場合、アルバイトの時間給と時間数や日数などを計算した後、貯金し
ていけば、いつかは留学の夢が実現するというものです。しかし、アルバイ
トとはいえ、過酷な長時間労働が強いられ、その疲労も半端ではないでしょ
う。そして、資金が貯まるまで勉強時間を大幅に削らなければならず、また、
そのような状態をかなり長期にわたって続けなければならないことになりそ
うです。そして、たとえ留学に必要な資金がたまり、念願の留学が果たせた
としても、留学期間中いつもおカネのことが気になって学業に十分に専念で

きず、留学生活を心から楽しむことができないのではないか、と思うように
なりました。

　次に、公費による海外留学の方法を検討しました。そうしますと、「サン
ケイスカラシップ」という留学制度があったのです。私が大阪外国語大学に
入学した年の1964年に、産経新聞社、フジテレビなどが主唱し、大河内一
男元東大総長らを発起人とする財団法人「サンケイスカラシップ」という留
学制度で、日本を代表する一流企業の協力を得てスタートしていました。

　「サンケイスカラシップ」は、大学在学中の学生を対象にした当時として
は数少ない1年間の全学無償給費留学制度で、競争率も毎年100倍を優に超
えていました。

　私が大学1年生の頃、第1回留学試験に合格したアメリカ組の20名のう
ち、私の通う大学から3名が合格しました。そして、3名全員が英語の同好
会ESS（English Speaking Society）の部員でした。合格した3人は、ESS
が主催した祝賀と激励の歓送会に出席した後、胸を張ってアメリカへ旅立ち
ました。その光景を一部始終目にした私は、深い感動を覚え、また身近な人
たちが合格したことで、私も頑張れば合格できるかも知れないという思いが
湧き上がり、「サンケイ」留学試験に挑戦する決意を固めました。「サンケイ」
試験に合格して、アメリカ留学するという、極めて具体的な目標が定まった
ことにより、私の向学心はさらに燃え上がり、英語学習に一段と拍車が掛か
ることになりました。前述した「ブルドーザー式英語学習法」は、自分の体
験から編み出された体系的な英語学習法でした。その学習法を日々積み重ね
ていくうちに、私は徐々に英語力が身についていったように思います。

　補足になりますが、サンケイスカラシップの初期には、奨学生としてアメ
リカ組が20名（第3回目から15名）、イギリス組、ドイツ組、フランス組
がそれぞれ5名選ばれ、各国へ派遣されました。同奨学金制度は、スター
トしてから、その使命を終える1989年まで計25年間続きました。

「努力は人を裏切らない」という言葉があるように、1966年12月に、第4回サンケイスカラシップの試験に「合格」の知らせを受け、念願のアメリカ留学の機会が与えられたのです。その時、私は自分が編み出した英語学習法の正しさが実証されたと実感しました。これから続く章は、若さと旺盛な好奇心、それに体系的英語学習法で身につけた語学力を背景に、目一杯アメリカを体験した20カ月間の留学「奮闘記」です。

ウィスコンシン大学 学部留学 1967～1969年

生まれて初めてアメリカの土を踏む

1967年8月25日に恒例の「サンケイスカラシップ」歓送迎会が東京で開かれ、水野成夫理事長から出発を間近にした第4回サンケイスカラシップ奨学生のために激励の「はなむけの言葉」が贈られました。「皆さんの先輩は留学先で好成績を収めており、サンケイスカラシップの海外での評判はきわめて高いと聞いています。皆さんの受け入れ機関は、空港で赤いじゅうたんを敷いて皆さんを出迎えるほどの歓迎ぶりです。先輩に続き、皆さんもしっかりと頑張ってきてください。大いに期待しています」と。

1967年当時の日本は、アジアで初めての東京オリンピックを成功裏に終えるとともに、経済的にも右肩上がりの高度経済成長期を迎えようとしていました。その輝かしい実績を背景にして国民の間には復興への自信と未来を楽観視するナショナリズムが高まりつつありました。中でも、次世代リーダーの育成をめざす財団法人「サンケイスカラシップ」の設立と、上に引用した水野理事長の発言は、当時の国民感情をストレートに表していました。

水野理事長が歓送迎会の場で、恐らく何気なく口にされた激励の言葉は、歓送迎会に招かれていた私の頭にこびりついて離れず、それが後に心理的な

重圧となって私を苦しめることになるのでした。

　1967年9月の初旬に私は、サンケイスカラシップの協賛企業である日本航空のジェット機に乗ってアメリカへ旅立とうとしていました。その時、大きく翼を広げた尾翼の「ツル」が、出発を目前にした素朴な1人の学生の目に飛び込んできました。赤色の「ツル」のデザインは、日本航空のシンボルマークで、日本人の感性と誇りをシンボル化したものでした。それ以来、「ツル」のデザインは、私の目に強く焼き付き、今でも赤いツルを目にしますと、その時の光景がよみがえってきます。

　羽田空港まで見送りに来ていた家族や友人に別れを告げ、私は日航機のタラップまで進んでいきました。いよいよ待ちに待った憧れのアメリカ留学か、と感無量になりながら、期待と不安を胸にタラップを一段一段ゆっくりと登り機内に入っていきました。この日に日本を発つアメリカ組の奨学生は2人で、どちらもが中西部（Midwest）—1人はアイオア州デモイン市、もう1人の私はウィスコンシン州マディソン市—へと旅立つことになっていました。

ホノルル空港での第1印象

　2人を乗せたジェット機は、太平洋上空を7時間余り飛行した後、途中一時的に燃料の給油とフライト・スケジュールの調整のために、ホノルル空港

に着陸しました。入国手続きの際に、留学生用の入国査証F-1ビザと留学先の大学が発行したⅠ-20の書類を係官に提示し、英語でアメリカへの入国理由と目的を説明して入国手続きを終えたのでした。次のシカゴ行きのフライトまで10時間余りの自由時間があったので、その間にホノルル市内を観光することにしました。

　私は、生まれて初めてしっかりとアメリカの土を踏みました。ハワイは、雲ひとつない透き通ったクリスタル・ブルーの空で、カラッとした心地よい浜風、そして青い海がどこまでも広がっていました。当時の日本では、大気汚染や水質汚濁、大都市の喧騒、それに水俣病や四日市喘息などが取り沙汰され、高度成長期の日本の空は四六時中どんよりとした灰色の雲に覆われていました。この違いは、「どうしてなのか」と、私は一瞬、南国の景色を前に立ちすくんでしまいました。

　真っ赤に咲き乱れるハイビスカスの花。初めて異国に立ったうれしさに、ハイビスカスから突き出ているめしべは、私にまるで握手を求めているかのようだと感じたのでした。観光客のために用意されたパイナプルジュース、オレンジジュース、グアヴァなど、ハワイならではのおいしい果汁飲料、マンゴ、パパイア、バナナなどの熱帯果実、空港のポスター「You may have it for the asking!（ご自由に召し上がれ!）」、アロハシャツに大きく書かれたハワイ特有の「アロハ」のサイン、それに「All You Can Drink（飲み放題）」、「All You Can Eat（食べ放題）」など、豊かな国アメリカの手の込んだ演出。これらすべてが、初めて外国を旅する私にとって物珍しいことばかりでした。

　日本で、下宿住まいをしていた私は、パイナプルジュースなどをほとんど口にすることはありませんでした。長時間の飛行で喉がひどく乾いていたこともあり、ポスターに「ご自由に召し上がれ」と書かれているのをよいことに、

「ワクワク」、「ドキドキ」、「きょろきょろ」と周りを気にしながらも、紙コップを取り出し、1杯、そしてもう1杯、さらにもう1杯と、一気にパイナプルジュースを飲み続けたのでした。今もゴクリ、ゴクリとひたすらジュースを飲み続けた自分の姿を思い返すたびに、顔が赤くなってしまいます。

空港にスーツケースや手荷物を預けた後、タクシーで一路ワイキキの浜辺へ直行しました。タクシーの中で運転手に「おふたりは新婚さんですか」と聞かれた時、気恥ずかしいやら照れくさいやらで、何と答えてよいかわかりませんでした。

私は、小田実著のベストセラー『何でも見てやろう』を何度か読んでいました。その本にあやかりたい気持ちから、ワイキキの浜辺でも、「特に危険でなければ、何でも1度は経験してみるぞ」と思っていました。そ

ハワイのワイキキビーチ

して、すぐに水着に着替え、ダイアモンドヘッドを左手に見ながら、ひと泳ぎ始めたのでした。思わず口に入ってくる海水に、この海水は西太平洋の向こうにある日本に繋がっているのだなあと、故郷に思いを馳せました。ハワイの海水は予想した以上に塩辛かったとの印象が今も残っています。

それから10時間余り後に、私たちを乗せた飛行機はホノルル空港を飛び立ち、一路アメリカ本土に向かいました。海水浴で疲れていたのか機内では爆睡し、目が覚めたのはシカゴのオヘア空港に着く直前でした。私と中西部組のもう1人は互いに健闘を祈り合った後、オヘア空港で別れました。別れると急に寂しさがこみ上げ、「これで自分1人になってしまった、すべて自

分の責任の下にこれから留学生活を送ることになるのだ」と、身の引き締まる思いがしてきました。その後、私は一路ウィスコンシン大学のあるマディソン市へと旅を続けました。

ウィスコンシン州マディソン市へ

■ウィスコンシン州の横顔

　アメリカの心臓部（America's Heartland）に位置するウィスコンシン州は、5大湖の一部であるミシガン湖とスペリオル湖に面し、森や林、農場、それになだらかな丘陵地（hill and dale）が広がり、ミルクやチーズなどの酪農製品の生産が盛んなことから、アメリカの酪農地帯（America's Dairy Land）とも呼ばれています。

　東部ニューイングランドからの国内移住民に加え、19世紀後半から20世紀初頭にかけてドイツ系、アイルランド系、ノルウェー系、スイス系、ポーランド系など、多種多様の移民がウィスコンシン州に入植してきました。その結果、様々な移民集団が、ミルウォーキー（Milwaukee）、リトル・ノルウェー（Little Norway）、スイス・コロニー（Swiss Colony）のような特色あるコミュニティ社会を作り上げてきました。

　州住民の宗派は、プロテスタントが50パーセント（そのうちルター派は23パーセント）、ローマ・カトリックが29パーセントで、その他が21パーセントと

アメリカ合衆国中西部諸州

なっています。民族集団や文化が多様であるために、ウィスコンシン州は、かつては民主党の牙城でしたが、最近では共和党の勢力範囲に入っています。

　羽田からハワイ経由で、計18時間余りの空の旅の後、やっとのことでウィスコンシン州のDane County Regional Airport（デーン郡リージョナル空港、別名マディソン空港）に到着しました。空港で行き交う人々は、想像していた以上に少なく、「これが、これから1年間過ごすことになるマディソン市の空港か」と思うと、無性に侘しさがこみ上げてきました。なぜなら、東京の歓送会の場での「はなむけの言葉」とは違って、サンケイスカラシップ奨学生を空港まで迎えに来てくださったと思われる姿はどこにもなく、また、「歓迎の赤いじゆうたん」などもどこにも見当たりませんでした。「はなむけの言葉」を文字通りに信じ、期待で胸を膨らませていた私は、急に頭に1撃を食らうような気持になりました。

　私は、すぐに気を取り直し、空港の手荷物受取所でスーツケースを受け取った後、留学生専用のリムジンバスに案内されて、大学キャンパスのある市内へと向かいました。バスの窓から眺めるマディソン市内の光景は、古いたたずまいの町並みが続く田舎の都市のように思われました。それでもマディソン市は、ウィスコンシン州でミルウォーキーに次いで大きい第2の都市で、（1960年代当時）人口は17万人、そのうちの約4万1000人が大学生でした。州都マディソンは、周りをメンドタ湖、モノナ湖、ウィングラ湖、ウォビーサ湖の4つの小さな湖によって囲まれた美しい大学町の他に、政治の中心地でもあります。

　私がマディソン市に足を踏み入れた1967年9月3日は、Labor Dayに当たり、国民休日でした。また、大学は夏期休暇中でもあり、人影もまばらでひっそりとしていました。リムジンバスは、私を含む海外からの留学生を乗せ、ジョーンズ・ホールという名の学生寮の前で止まりました。ジョーンズ・

ホールは、メンドタ湖に面したこじんまりした学生寮で、後に留学生のための一時的な仮の宿であったことがわかりました。

　たまたま到着したその日は休日だったので、ジョーンズ・ホールには学生が誰一人としていなかった上に、食堂は閉っており、食事するにも何もありませんでした。そこで目に入ってきたのはコカコーラやオレジジュースの自動販売機だけでした。
　また、町の中心部へ出かけるにしても、休日のためにバスもタクシーも見当たらず、さらには町の情報や地理感覚もほとんどなかったので、その日はおとなしくジョーンズ・ホールで留まらざるを得ませんでした。それは、まるで誘拐され、拘束された捕虜のようで、「赤いじゅうたんの歓迎」とはあまりにも程遠いものでした。そして、明日から始まるマディソンでの留学生活を思うと、心細く、不安が押し寄せてきました。このような思いでマディソンでの初日を過ごしたこともあって、ジョーンズ・ホールという名前は、私の記憶に後々まで長く残ることになりました。

ジョーンズ・ホール／Memories for a Lifetime 2002 Calendar より

ウィスコンシン大学の学部生として

　ウィスコンシン大学マディソン校は、ランドグラント大学（土地付与大学 Land-Grant College）の一つで、1848年に連邦政府から農業振興のために供与された公有地に創立された州立大学です。以来、今日までリサーチ・研究を重視する大学として発展してきました。

　ウィスコンシン大学の学生は、州在住の学生を意味する州内（In-State）学生と、ウィスコンシン州以外の州あるいは海外留学生を意味する州外（Out-Of-State）学生からなっています。大学の運営費の大部分が州住民の税で賄われていることから、ウィスコンシン大学は、州の住民を優遇する施策として、州内学生の学費を低く抑えています。それに対して、州外学生の学費は、州内学生の2.5倍から3倍で、州外学生にとってかなり重い負担でありました。ちなみに現在、1年間の州内学生の学費が10,403ドルであるのに対して、州外学生の学費は26,653ドルですので、現在もその割合はあまり変わっていません。アメリカでは「受益者負担の原則」は常識、当たり前

マディソン市とウィスコンシン大学の全景／Madison by Karl R Lechten

と受け止められており、州在住の学生の学費と非州住民学生の学費の違いは、「受益者負担の原則」を守ろうとする州政府の姿勢の表れと言えるでしょう。

　さらにウィスコンシン大学は、在籍する学生を Degree Candidate（卒業有資格者）と Non-degree Candidate（非卒業資格者）の２つに分類していました。アメリカおよび海外の高校を卒業した後、正規の手続きを経てウィスコンシン大学に入学した学生は、卒業に必要な単位数を満たせば、在籍年数に関係なく学位授与の資格が与えられます。それに対して、Exchange Foreign Student（交換留学生）は、Non-degree Candidate の学生として登録されます。

　９月初旬のマディソンは、雲ひとつない透き通った青空が広がり、空気は澄みわたり、少し肌寒く感じる日もありますが、さわやかで気持ちのよい日々がしばらく続きます。大学の授業はこのような晴れの天気が続く９月からスタートします。

1967年　ウィスコンシン大学の教室外での授業風景／The University of Wisconsin: A Pictorial History by Arthur O. Hove　University of Wisconsin Press・刊

Too Heavy a Workload（負担が多すぎる勉強量）

　ウィスコンシン大学では、授業は月曜日から金曜日まで、授業時間は原則的に月水金が50分、火木は75分で、1科目につき週150分の授業になるようになっています。

　1時限目の授業は午前7時50分から始まります。授業の合間の休憩時間は10分です。学生は、次の授業を受けるのに足早に教室を移動します。キャンパスが広いために、受講科目によっては「Nickelodeon（ニカローディアン）」と呼ばれる小型のマイクロバスに乗り、移動する場合もあります。昼休みの休憩時間は、特に設けられておりません。午後からの授業は、夕方の5時、あるいは場合によっては6時まで続きます。

　学部の授業は、午前中に2科目、午後も2科目の計4科目（4時間）が行われるのが普通です。授業が早朝から始まるのは、マディソンの町が典型的な大学町だからです。大学町とは、大多数の学生が徒歩で大学に通える範囲にある大学寮か、あるいは自転車通学のできるマディソン市内のアパートに住んでいる大学生の多い町のことを言います。基本的に1年生は寮生活をし、それ以外の学生は民間のアパートに住んでいます。民間のアパートには、学生を悪質なアパート経営者から守るために大学の規則が適用されています。

　学部の授業は、上級生向けの Seminar（演習）以外は、週に2回の教授による Lecture（講義）と、週1回の Teaching Assistant, TA（ティーチングアシスタント）による Quiz と呼ばれる小テスト、それに Discussion Section（少人数グループ討論）のクラス、さらには予約制による教授と TA との Office Hour（面談）の3部から成り立っています。

　受講生に課される課題は、1授業科目につき、教科書の他に平均5冊から多い場合は8冊の副読本を読むことが求められます。その上に、週に1回のディスカッションのクラスでは、講義内容と副読本の内容についてのクラス

討論、それに A4 で 4 枚から 5 枚程度のレポートの提出が課されます。1 セメスターに異なる授業科目を 3 つ履修するということは、単純計算でいえば、その読書量は、1 授業科目につき 1 週間に平均 100 頁、3 科目履修すると平均 300 頁ということになります。この勉強量は、留学生はもちろんのこと、一般のアメリカ人学生にとってもかなりの負担を意味しています。ウィスコンシン大学が学生に求める勉強量を、Too Heavy a Workload と呼ぶそのわけを理解していただけるかと思います。

講義の録音とりと居眠り

　私は、ウィスコンシン大学に留学する前から、英語の語学力に加え、もう 1 つ専門領域の知識 ―いわゆる英語プラス・アルファ― を身につけて帰国したいと思っていました。そこで私は、アメリカでの充実した生活を送り、かつアメリカとアメリカ人を深く理解するために、アメリカ史を専攻科目として選びました。そして、私は、1967 年 9 月から 68 年 1 月までの第 1 セメスターではアメリカ史概説の History 101 "American History, 1620-1865" と、英語の論理的な話し方を身につけるための "How to Debate"（ディベート入門）、そして、アメリカの政治制度についての基礎知識を身につけるために、政治学概論の Political Science 101 "American Political System" の 3 科目を履修しました。次の 1968 年 2 月から 6 月までの第 2 セメスターでは、アメリカ史概説の History 102 "American History, 1865-Present"、それに上級生向け授業である "A History of the American Revolution" と "A History of American Foreign Relations" の 3 科目を履修しました。

　講義において教授の言葉を 1 字 1 句逃すまいと、すべての講義をテープに録音するために、日本から小型のポータブル・テープレコーダーを持って行きました（ポータブルと言っても、今とは違ってかなり重かったことを記憶しています）。最初は、教授の言葉をキャッチしようと一生懸命に聴いてい

たのですが、毎日の緊張感と、講義を録音しているとの安心感からか、睡魔が襲ってきて、思わず知らぬ間にこっくり、こっくりと居眠りをしていたのでした。途中で目が覚め、周りのクラスメートと目が合った時は恥ずかしくて赤面の至りでした。

　録音した授業テープを聴き、遅れを取り戻そうと、その日は学生寮に早く帰りました。しかし、あいにく他の授業の準備をしなければならなかったことや、それが終わる頃には1日分のエネルギーを使い果たし、体力が限界に達していたこともあって、テープを聴こうとしても集中して聴くことはできませんでした。わざわざ重いテープレコーダーを日本から持ってきましたが、それを有効利用できず、失敗に終わってしまいました。

　このエピソードが物語るように、初めから語学面でハンディキャップを背負っている海外留学生が、授業科目を3科目（9単位）履修することは、これまで経験したことがないほどの過重負担を担うことを意味していました。教育の質保証を大事にするウィスコンシン大学の教育方針や、教授やTAが学生に求める予習や復習の量のことを考えますと、履修科目数は1セメスターに3科目、多くても4科目が限界でした。

　通常、大学付属図書館は月曜日から土曜日まで午前8時から夜の12時まで利用できることになっています。日曜日だけ開館は昼の12時、閉館は通常通り夜の12時です。学生は、講義が終わると、その週に予定されているテストの準備か、あるいは翌週のグループ討論のためのReadingの宿題に取り掛かるために、すぐに図書館へと足を運びます。

　授業内容をしっかりと理解する最低条件として、副読本をていねいに読むことが求められます。重要なことは、ただ本を読むだけではなく、その内容を正しく理解することでした。そのために、海外留学生の私は、図書館で生活しているのではないかと思うほど、1週間の大部分を図書館で過ごさざるを得ませんでした。といいますのは、私はアメリカ人学生と比べて、英語を

ウィスコンシン大学キャンパス（バスコム・ホールにつながる陸橋）
／The University of Wisconsin: A Pictorial History by Arthur O. Hove University of Wisconsin Press・刊

読むスピードや読解力にハンディを背負っていたからでした。しばらくしてからアメリカ人のクラスメートから、副読本の内容をしっかりと把握するには、最初に副読本から読み始めるのではなく、副読本の「書評」にまず眼を通して、副読本についての予備知識を得ることが論点を早く、正しく理解する上で効果的で能率的であることを教えてもらいました。その勉強法を教えてもらってからは、授業についていくのに少し楽になってきたような気がしました。

このような重圧の中で勉強する学生は、自然とオフィス・アワーを有効に活用するようになります。彼らは、教授や TA の研究室の前の廊下に長蛇の列を作り、効果的な読書法やレポートやペーパーの上手な書き方、それに効率的な勉強方法などの情報を教授や TA から少しでも得ようと面談の順番を待つのです。待ち時間は、授業科目やその日の待ち具合によって異なりますが、学生の多くは、待ち時間の寸暇を惜しんでその週に課された課題の本を廊下で食い入るように読むのが常でした。

沈黙は美徳か

ウィスコンシン大学では、授業の 1 部として週 1 回、TA による少人数グループ討論のクラスが設けられており、それに、クラス討論の場での履修者

の発言と貢献度が最終の成績評価に反映されることになっています。ところで、日本には「沈黙は金なり」という諺があり、それは、「人前ではあまり話さない方がよい。沈黙は美徳です」という意味に受けとめられています。大抵の日本人は、例外的な場合を除き、公的な場での発言を極力控える傾向があると言われます。

　しかしながら、場をアメリカに移すと、日本の習慣はプラスの美徳からマイナスへと様変わりします。アメリカでは、どんなに素晴らしい発想や考えを持っていても、グループ討論の場で発言しないならば、その人には考えがないに等しい、すなわち「ゼロ」に等しいと見做されるのが常であります。グループ討論のクラスでは、アメリカ人学生はわれ先に挙手して発言する機会を求めてきます。そのような「異常な」雰囲気に圧倒されがちな留学生は、それではいけないと思いながらも、「クラスの仲間を前に英語で発言することはできないけれど、自分には素晴らしい考えがある」と自分を慰めつつ、口を閉じたまま「沈黙は美徳なり」の諺を守ってしまうことが多いのでした。

　一方、アメリカ人のクラスメートは、発言者が留学生の場合、拙い片言の英語であっても、留学生の発言を注意深く、時には身を乗り出して意見を真摯に聴いていることがわかるようになりました。それは、アメリカ人学生が「留学生の発言には傾聴に値するものがあるかもしれない。耳を傾けてみよう」と、留学生の発言に期待しているかのように見受けられました。私は、発言者が誰であれ、発言の内容とその内容の「濃さ」が重要なことだと気付いたのでした。

　私は、週１回のグループ討論の前日になると、胸がドキドキしました。クラス討論が始まる前から気後れし、心が落ち着きませんでした。「クラスメートは、英語が母語であるので読書力や発言力の点で最初から優位な立場にある。それに、アメリカ史についても幼少の頃から何度も耳にしているし、

初等・中等教育においても繰り返し学んできているので、彼らにアメリカの歴史の知識や情報が豊富なのは当たり前だ」と思ったり、また、「最初から私に不利なクラス討論なんてアンフェアだ！」と、ぐじぐじと心の中でぼやいたりしていました。一方、「今さらそんなことを言っても仕方のないことだし、どうもできないではないか」、「誰も私にこの授業を受けなさいと頼んだわけでもない」し、「自分の意思と判断でこの授業を履修したのではなかったのか」と気を取り直し、この試練を何とか乗り越えようと努めたのでした。

　そういうわけで、私は、クラスの討論にできる限り参加できるようになるために、いくつかの役に立つ表現や言い回しを覚え、それらを討論のクラスで最大限に使うことにしました。

　たとえば、相槌を打つための表現として "Absolutely." "That's right. You can say that again." "Precisely" "Exactly right. I couldn't agree with you more." "You've got the point there." などがありますし、話者に対して、「本当？　マジ？」と尋ねる際には、"Really? No kidding." "You've got to be kidding." などの表現があります。

　それに、話の中に割って入り、自分が言い出す時には、"Excuse me. Let me interrupt for a second. I've got something to say. May I ?" や "Let me say something. Is that all right?" などの表現を、つなぎ言葉としては、"You know" とか "I mean" や "Well" などがあります。

　また、話し手の使う単語や表現がわからないので尋ねる場合は、"I'm sorry, but I don't know the right word for it. How do you call … in English?" さらには、相手の話している内容がわからない場合、「別の表現で言ってください」とお願いする表現として、"Sorry. I didn't get what you said. Would you paraphrase it in a different way?" などでした。

アメリカ人学生が勉強に熱心なわけ

　私が留学して最初に気付いたことは、とにかくアメリカ人学生がよく勉強することでした。彼らは、月曜から金曜までのウィークデー（週日）に付属図書館をよく利用し、必死に勉強するのです。しかし、彼らは、英語の表現に TGIF（TGIF は Thank God, It's Friday の略語 で、やっと金曜日がきた！はなの金曜日の意味）があるように、金曜日の夕方から日曜日にかけては週日の勉強などで鬱積したストレスを発散するため、映画、パーティやスポーツ、それにカレッジ・フットボール試合の観戦などに興じ、気分転換を図るのでした。もちろん、学生の中には、日曜日の朝早く教会へ礼拝に行く者もいますし、寝だめする学生もいます。

　私が不思議に思ったのは、なぜアメリカ人の学生はそんなに勉強に熱心になれるのか、そして、あたかも何かに取りつかれているように、なぜそんなに試験の点数にこだわるのかという疑問でした。勉強熱心なのは、勉強が好きだからなのか、それとも目に見えない何らかの圧力が働き、仕方なしにそうしているのか、最初のうちはその理由がよくわかりませんでした。

　ウィスコンシン大学では、学生は分け隔てなく公平かつ平等に扱われるというのが大学の基本原則でした。なかでも成績評価についてはそうでした。マディソン校では、定期試験は授業開始から6週間目に行われるペーパー試験（six-week exam）、12週間目のペーパー試験（twelve-week exam）、それに学期末に行われる最終のペーパー試験（final exam）の3種類の試験が課されます。その成績に加え、クラス討論での貢献度も成績評価の対象となります。授業全体の評価点は、Aが（4ポイント）、ABが（3.5ポイント）、Bが（3ポイント）、Cが（2ポイント）、Dが（1ポイント）、Fが（0ポイント）の6段階に分かれ、Fは不合格を意味しています。学内・学外を問わず、授業の評価点はGPA（Grade Point Average）制度によって学生の奨学金獲得

に大きな影響を及ぼします。

　私は最初のころ、アメリカ人の学生が週日必死になって勉強するのは、授業が厳しい上に、こなさなくてはならない宿題や課題に追い立てられて、必死で勉強せざるを得ないのだと思っていました。その重圧もかなりのものでしょうが、それに加えて、授業の評価点（GPA）が奨学金の獲得に密接にかかわっていることなどが次第にわかってきました。そして、マディソンに来てからまだ日の浅い私にも、学生の勤勉さが納得できたのでした。

　アメリカの大学生は、ハリウッドの青春映画の中で見かけるように、本を2、3冊小脇に抱えて明るく楽しそうに、授業と授業の合間にクラスメートと「Hi! How are you doing?」のあいさつを交わします。マディソンに着いたばかりの私も、キャンパス内でそのような光景をよく見かけました。授業の初日に、キャンパスを歩いていると、前の方から、映画で見るようなハンサムな「男優」とスタイルの良い美人の「女優」たちが、まるでハリウッドから飛び出してきたように、こちらに向かって歩いてくるのです。あまりの美男・美女ぞろいに胸は高鳴り、無性にうれしかったのを今でも思い出します。誰もが映画スターのように見え、1人1人の顔を見分けられるどころか、皆が同じ顔をしているように当時は思えたのでした。

　それから数週間が過ぎ、キャンパス生活にも慣れてくると、アメリカ人学生の顔や個性の違いも徐々にわかるようになってきました。たとえば、ヨーロッパ系の人たちの髪の色を表す英単語に、ブロンド（金髪）、ブルネット（黒みがかった髪）、ダークブラウン（暗い褐色の髪）、レッドヘア（赤毛）などの言葉がありますが、それらの単語が耳に入ってくるようになると、うれしいことに、この白人はアイルランド系のアメリカ人だとか、あの人はおそらく北欧でもスカンジナヴィア系のアメリカ人だと、まるでクイズを当てるかのように、かなり正確に答えられるようになってきました。

英語力の低さでコミュニケーション不足に

　マディソンでのキャンパス生活に慣れ親しんでくるに伴い、私の言語生活および生活態度に微妙な変化が生じていることに気付き始めました。それは、マディソンに住み始めてから6か月が経過した頃、すなわち第1セメスターが終わり第2セメスターの中頃、アメリカ滞在期間も残すところ後わずか2～3か月の頃だったと記憶しております。すでに述べましたように、私はアメリカへ留学する前から系統立てて英語を勉強し、「使える英語」力を身に付けようとできる限り努力してきたつもりでいました。また、サンケイスカラシップ試験に合格したのはその成果の証であり、そのことに対して私は、ある種の誇りと自信を抱いていました。

　しかし、アメリカで留学生活を始めた初日から、私は、アメリカ人とコミュニケーションをはかる、胸襟を開いて自由に意見を交わす英語力が自分には不足していること、すなわち読む、書く、聴く、話す、のすべての面で十分ではないことをいやというほど思い知らされました。

　当時の私は、アメリカ人と話をする時は、前もって自分の言いたいことを日本語で考え、それを英語に翻訳して口に出しておりました。特に授業中の発言や討論においては、まず頭の中で英文を作り、それからおもむろに発言するという、時間のかかるもどかしいものでした。

　日本語の考えを英語に訳しながらアメリカで暮らすということは、いちいち翻訳をするというもどかしさだけでなく、たとえアメリカに住んでいても私の思考は日本の思考枠組の範囲にとどまっていることを意味していました。それは、日本の映画館で日本語の字幕を目で追いながらアメリカ映画を見ているのとよく似た行為でありました。そのような状態が続いている限り、いつまでたっても私はアメリカ人の心の奥深くまで入り込んだり、彼らと同じ目線で胸襟を開いて自由に意見を交わしたりすることができないと思うよう

になりました。しかし、当時自分の英語力に自信を失っていた私は、どうすればよいのかわからず、日本語から英語への翻訳のプロセスを続けていたのでした。

　しかし、渡米生活の6か月が過ぎたある日、私は日本語で考えたことを英語に翻訳する方法をやめ、アメリカ人と同じようにストレートに英語で考え、表現し、議論してみようと思い立ったのでした。それは決して生易しいことではないとわかっていましたが、それ以外に深くアメリカ人の世界に入り込み、彼らと同じ目線で話したり、議論をしたり、理解できる方法はないと考えたのでした。

知識不足と低学力に愕然とした日々

　その頃から、次第に私と英語の世界の間の距離は徐々に縮まっていき、それまでのような負担をあまり感じなくなっていきました。そして、英語で考え、話し、議論する方がむしろ楽に感じるようになっていきました。この時の経験に助けられ、今日に至るまで私は、いろいろな場面においてアメリカ人とたやすく打ち解け、心の底から話ができるようになってきたと思われます。

　しかしながら、私は大きな代価も払ったような気がしています。私は、日本語の語彙が乏しく、表現もぎこちないので、私の日本語はまるで英語の直訳のような印象を聴く人に与えてしまうようです。友人などからそのように言われると、「あ〜あ！これが異文化理解の代償なのか」と、時々情けない思いがします。けれども、これが英語で考えること、そして英語の世界へ入り込んできた代償であり、自分の足を二つの異なる文化と世界において生活する人が多かれ少なかれ経験する、ある程度は避けられないことかも知れないと思っています。

　アメリカでの留学生活で私を心理的に追い詰めることになったのが、東京での歓送会の「はなむけの言葉」でした。繰り返し引用しますと、「皆さんの先輩は留学先で好成績を収めており、サンケイスカラシップの海外での評判はき

わめて高いと聞いています……。先輩に続き、皆さんもしっかりと頑張って
きてください」と。何気なく述べられた「はなむけの言葉」を耳にして以来、
私にはそれが忘れられない重いメッセージとなったのでした。なぜなら、マ
ディソンに着いて以来、私はサンケイスカラシップの評判に傷がつかないよ
うにと、1日も1時間も無駄にすることなく、全力を傾けて学業に励んだの
でした。先々週も、先週も、今週も、そして来週もというように。そのよう
なワン・パターンの生活を繰り返す過程で、英語の速読力や読解力、読む人
が理解しやすい簡潔な英語を書く力、本や論文の要点を素早く把握し、自分
の言葉でそれを表す表現力の重要性と自分の力不足をいやというほど思い知
らされることになりました。とい言いますのは、週1回行われるアメリカ史
概説の小テストは、これらすべての力が試されるものだったからです。

　私がどんなにもがき努力しても、AやABを取るためのハードルは高く、
私の小テストの点はABを1度もらった以外にBを超えることはありませ
んでした。「サンケイスカラシップの先輩は、一体どんな留学生活を送られ
たのか」、「1日のうち何時間を勉強に費やしたのか」、「睡眠時間はどれくら
いだったのか」、その答えが知りたくてたまらなくなりました。自分の知識
不足と学力の低さにただただ驚き、愕然とすることが幾度もあったのです。
それを思うたびに、奈落の底に突き落とされるように、精神的に落ち込んで
しまいました。

ホストファミリーとの出会い

　もがき苦しむ海外留学生を何かと側面から励まし、卒業する日まで精神的
に支えてくださったのが、ホストファミリーのロバート・アーサー家の皆
さんでした。当時、ご主人のアーサー氏は、ピアノ教師のアーマ夫人、そ
れに長男のビル、長女のリン、次男のロバート・ジュニアー（通称ボブ）
の3人の子供の父親でした。アーサーさんは、デーン郡地方検事（District

Attorney 略して DA）を務めたことのある地元の有力な弁護士であると同時に、留学生の面倒をよくみるボランティア活動家でもありました。さらに、アーサーさんは、1960 年のアメリカ大統領選挙では、ジョン・F・ケネディ民主党候補とジャックリーン夫人を自宅のティー・パーティに招くほど、ケネディ候補を熱烈に支援していました。

1960 年　ウィスコンシン大学におけるジョン・F・ケネディ民主党大統領候補の選挙演説／ The University of Wisconsin: A Pictorial History by Arthur O. Hove University of Wisconsin Press・刊

ロバート・アーサーさん宛のサインが入った
ジョン・F・ケネディ氏のポートレート

アーサー夫妻は、休日には私を家庭に招き、何かとお世話をしてくださったのでした。たとえば、10 月の Halloween（ハロウィーン）、Thanksgiving Day（感謝祭、11 月第 4 木曜日）、Christmas Day（クリスマス）、Easter（復活祭）、セメスター・ブレーク（セメスターとセメスターの間の休暇）など、私を家庭によく招いてくださいました。特に、感謝祭やクリスマスは、アーサー家の家族はもちろんのこと、近くのサンプレーリの町に住む親戚をホームパーティに招き、テーブルを囲んで食事をしながら、大学のことやルームメートのこと、アメリカの政治や大統領のゴシップなど、楽しい会話で場を盛り上げ、私の気分を和らげてくださいました。

さらに、私が、自炊して暮らす留学生ですので、何かとひもじい思いをしていることだろうと、アーサー家に招かれるたびに、私の大好物のステーキやウィンナーソーセージなどをお腹いっぱいご馳走して下さいました。デザートには、数々のアイスクリーム、歯を青紫色にしながらいただく大好物のブルーベリーパイが振る舞われ、夕方には動けないほどお腹がいっぱいになって、大満足で学寮へ帰るのが常でした。

また、アーサーさんは、イギリスとアイルランドからアメリカへ移住した移民の末裔で、敬虔なカトリック教徒でもありました。カトリック教徒は、金曜日に肉類を口にしないという風習から、金曜日には魚料理、すなわち定番の「Fish and Chips」を食べに近くのレストランへよく連れて行って下さいました。ありがたいことに、私にとってアーサーさんの一家を挙げてのもてなしが、重苦しい大学生活の唯一の救いで、何よりの気分転換になったことは言うまでもありません。

異国で生活する留学生の孤独感を少しでも癒す助けになればと、私を幾度となく家庭に招き、もてなしてくださるアーサーさんの温かい心配りや、中西部に住む average Americans（一般のアメリカ人）との交流の場をつく

って、たくさんのコミュニケーションの機会を与えて下さる配慮など、アーサーさんは、留学期間中ずっと私を支え続けてくださったのです。これらの厚意に対する感謝の気持ちは、今も消えることはありません。

　アーサー家の家族全員との関係はそれ以来、半世紀以上、すなわち3世代にわたって現在も続いているのです。長期にわたるこのまれな家族同士のお付き合い、それに数々の貴重な経験が、教科書だけでは学ぶことのできない一般のアメリカ人の価値観や死生観など、私のアメリカ理解を深める上で大きな助けになりました。

1967～68年
ホストファミリーの
ロバート・アーサーさんの
家族

1967年11月
ロバート・アーサーさん
招待のレストランで
（中央奥が筆者）

126

第3章　アメリカ留学

水曜日に学生が「Hustle（ハッスル）」するわけ

　私は前に、アメリカ人学生の大半がウィークデー（平日）には大学付属図書館で一生懸命勉強する、その代りに、週末の金曜日の夕方から日曜日にかけては、パブやタバーン（居酒屋のようなもの）、あるいは宿舎のアパートでパーティを催し気分転換を図ろうとしていると述べました。

　どの大学町にもよくみられる光景でありますが、週末になるとマディソンのパブやタバーンは、昼頃から男・女学生が入りまじって集まり始め、夕方には足の踏み場もないほど学生で一杯になり、文字通り packed like sardines（すし詰め）の状態になります。そのような混雑の中で学生は、ビールやソフトドリンク、スナックなどを口にしながら、話したり、踊ったりするのです。

　しかし、それならば平日は客が集まらず、店はひっそり、「がらーん」としているはずなのですが、思いの外、水曜日も木曜日も結構学生が集まり、賑やかなのです。ルームメートの話では、それはオーナーが水曜日と木曜日の２日間だけ飲み物やスナックの値段を大幅に下げて、できるだけ多くの客を呼び寄せるようにしているとのことでした。

　水曜日と木曜日の「値下げ」に惹かれて、勉強一辺倒ではない学生たちが結構多く店に集まってくるのですが、その日に行けば安いというだけでなく、水木の２日間に週末のデートの約束を取り付けたいという思惑の学生も多いとのことでした。私はこの話を聞いて、それは、まさにオーナーと学生との間で演じられている１種の「ウィン・ウィン」ゲームだ、と思うと同時に、水曜日の光景は、まるで鮭が産卵のために川の上流に向かって群がっているのに似ていると思ったものでした。

人間力を磨いてくれた他の留学生活

　私のルームメートの３名は、すべてがウィスコンシン州在住のアメリカ人

学生でした。大学寮に住んでいましたが、そこでの毎日の食事は自炊でした。ルームメートとの間の話し合いで、近くのスーパーマーケットで週1回の食料品調達も含め、料理も食後の片付けも輪番制にしました。

　スーパーマーケットで1週間分の食料品を買い出すのは、なかなか骨の折れる仕事でした。当時のアメリカのスーパーマーケットは、現在の日本の大型スーパーマーケットのように大規模で、品数も量も多く、店員に"Excuse me. Where could I find such and such things? Could you tell me where they are?"と直接尋ねないと、どこに何があるのかわからず、買いたい品物を見つけるのがひと苦労でした。また、食料品の英語名を知らない場合は、さらに買い物に手間取り、時間がかかりました。たとえば、日本でいうピーマンが英語では green pepper、ミンチ肉が ground beef、ヒレの肉が fillet、ホットケーキの粉が pancake mix という具合でした。それに、名前から root beer を、普通のビールと思って買ったところ、それが砂糖ダイコンからつくられた甘いノン・アルコールの炭酸飲料で、ビールにはほど遠く、苦笑いしたものでした。このように、最初のうちはアメリカの大型スーパーマーケットで欲しいものを手に入れるのに、ひと苦労したものでした。

パシュクイッツ宅にて

　話を元に戻しますと、私はルームメートと寝食をともにする中で、ウィスコンシン大学での授業の受け方（副読本を読む前に、「書評」に目を通すことなど）や、アメリカの社会制度や経済問題、国際情勢や人種問題、それにアメリカに実

際に住まないと理解しにくい複雑な人間関係（前述の水曜日と木曜日のパブのことなど）に至るまで、さまざまな話題について夜の遅くまで語り合える間柄になりました。そして、祝日や祭日には複数のルームメートから自宅に招待さ

レイメーカー宅にて

れることが重なったり、うれしい悲鳴を上げることもしばしばでした。

　スケジュールの調整はルームメートにまかせ、私は、「何でも経験してみよう」の精神から、スケジュールが許す限りすべての招待を謹んで受けることにしました。これらのホーム・ビジットは、私のアメリカ理解を深める上で大きな助けになりました。

筆者についての記事が掲載された2紙の新聞紙面

129

また、アメリカを留学先として自ら選び、人生でまたとない貴重な留学の機会を与えられたからには、私は、授業や教科書の熟読、図書館通いなどの「座学」を通してアメリカを理解するだけでなく、大学寮を飛び出して、大学コミュニティ以外のアメリカ社会においてできるだけ多くの体験をする機会を持つこと、それに、できるだけ多くの人と交わることを留学の重要な柱にしていました。そうすることで視野を広げ、アメリカとその国民について多くを知り、理解したいという強い思いがありました。

　そのようなわけで、留学中は、私のルームメートが卒業した小・中学校や、マディソン地区の社会奉仕団体であるロータリー・クラブやライオンズ・クラブからの講演の招きがあった時などは、積極的にその申し出を受け入れ、日本の文化や歴史について話しました。そうしますと、平均的アメリカ人がどの程度日本や東アジアに関心抱き、どれくらい日本についての知識を持っているかがよくわかるようになりました。

　ところで、私はアメリカに渡る前から、アメリカについていくつかの素朴な疑問を抱いていました。その1例を挙げますと、日本語には「大陸的な人間」という言葉がありますが、それは、性格がおおらかでゆったりとした人を言い、日本ではプラスの意味で使用されることが多いように思われます。アメリカ人も広い北米大陸に住んでいることから、「大陸的な人間」と言えないことはありません。しかし、日本に在住するアメリカ人、それにマディソンに来て一緒に寮生活をしたアメリカ人と付き合ってみると、「大陸的な」性質を持っているはずのアメリカ人が、想像した以上に「カネのこと」に細かくて、性格が必ずしも「大陸的」とは言えない人が多いことに気が付くようになりました。なぜそうなのか。私の観察はどこが正しく、どこが間違っているのか。アメリカ人にも個人差があることは否めないにせよ、その疑問に対する答えを探したいと思っていました。

第3章　アメリカ留学

　もう1つの素朴な疑問は、初めてカリフォルニアを旅した時のことでした。カリフォルニアで最初に驚かされたのは、その地がヨーロッパから遠く離れたアメリカ大陸の西端にあるにもかかわらず、また西方には太平洋を挟んでアジア大陸が横たわっているにもかかわらず、いたる所に古代ギリシア＝ローマ風の建築物が立ち並んでいる光景でした。なぜそうなのか。後に、首都ワシントンを訪れた際にも同じような疑問が湧いてきました。なぜそうなのか、と。

　このように私は、アメリカ人特有のものの考え方、捉え方、生活様式、それを支えている価値観や死生観などについて、多様な歴史的・文化的な背景を持つアメリカ人に自分の言葉で直接尋ね、真摯な態度で彼らから学ぶことが非常に大切であると考えていました。さらに、私たち日本人のアメリカおよびアメリカ人についての固定観念や既成概念が果たしてどの程度正しいのかを確かめることも大切であると考えていました。そして、もしその固定観念が正しくないとすれば、どの部分が正しくないのか、なぜそのような間違いが生じたのかなどを、アメリカ人に直に尋ね、その答えを自分の頭で考え抜くことも大切だと考えていました。そのためには、持ち前の体力と好奇心とコミュニケーション力を最大限に使って、多種多様なアメリカ人と進んで接していくことがとても大切であると考えていました。そのようなわけで、「身に危険さえ及ばなければ、何でも一度は経験してみよう（Let's Try Everything Once, Unless It Is Specifically Dangerous.）」の方針に沿って、与えられた留学の期間を、健康に留意しながら目一杯楽しみ、学んでいきたいと思いました。

　ルームメートの1人が、私の留学期間中に、学生結婚をすることを決めました。寮生活などを通してそのルームメートとは、結婚式の新郎付添い役を依頼されるほどの親しい間柄になりました。新郎付き添い役のことを英語で

131

"Best Man"といいますが、その依頼を受けた時、私は大変光栄に思うとともに、彼の信頼の大きさに心を打たれたのでした。私は、このアメリカ人の結婚式に列席することを通して、ルームメイトの両家とも親しく話し合えるようになったのでした。

ルームメイトの結婚式の記念写真と筆者の名前が記された招待状の部分

ルームメイトの結婚式への参列に見られるように、私は、ルームメイトを介して貴重なアメリカ経験をし、「座学」では学べないような数々のことを学ぶことができたと思っています。私は、それを可能にしてくれたのは、持ち前の度胸に加え、「ブルドーザー式英語学習法」で培った英語のコミュニケーション力であったのではないかと思っています。

132

時代を映し出すさまざまな事件

　次に、国際情勢やアメリカ国内の状況が、非常に身近な切実な問題として
感じられた出来事について述べてみたいと思います。

ヴェトナム戦争について

　第1次インドシナ戦争（1946年〜54年）は、第2次世界大戦後に新たに
建国したヴェトナム民主共和国が、ヴェトナムの独立のためにフランスに対
して、インドシナ全域にわたって戦った戦争を指しています。1954年にフ
ランス軍がディエン・ビエン・フーの戦いで敗北。同年7月にジュネーブ協
定が成立し、休戦となりました。

　フランスの後退の後、アメリカが「アジアの共産化阻止」の戦略を掲
げ、前面に登場してきました。アメリカは、1955年に東南アジア条約機構
（SEATO）を結成。そして、南ヴェトナム共和国に親米政権を樹立し、ヴ
ェトナムへの介入を強めたのでした。一方、ホー＝チ＝ミンの率いる北ヴェ
トナムは、1960年12月に南ヴェトナム解放民族戦線を結成し、真正面から
アメリカに対抗しました。

　ヴェトナム戦争は、アメリカが南ヴェトナムに軍事支援を始めて以来、正
式な宣戦布告なしで戦われてきました。しかし、ケネディの後を継いだリン
ドン・B・ジョンソン政権は、1964年8月のトンキン湾事件を契機に、アメ
リカ軍兵士のヴェトナム派兵の増加を決定し、さらに20万人の地上軍をヴ
ェトナムに送り込みました。それにより、アメリカ兵の犠牲者も急激に増え
ていきました。

　翌1965年2月にジョンソン大統領は、北ヴェトナムへの空爆を開始し、
アメリカは本格的にヴェトナムへの介入と戦争拡大の道を進んでいきました。

この北爆の開始が、一般にヴェトナム戦争のはじまりと捉えられています。

それから3年後の1968年1月に、南ヴェトナム解放民族戦線がテト（旧正月）攻勢を仕掛けました。テト攻勢とゲリラ戦術が成功し、それ以後、ヴェトナム戦争の形勢が逆転しました。それを受けて、1968年5月からパリ和平会談がスタートしました。

アメリカがヴェトナムに送り込んだ兵士の数は、1968年末で54万1500人に達しました。そして、1968年に戦死したアメリカ軍兵士の数は1万4546人、南ヴェトナム兵士は1万7486人にもなりました。なお、解放戦線・北ヴェトナム軍兵士の総勢はテト攻勢のため19万1387人だったと言われています。

この前後から、アメリカ国内ではヴェトナム反戦運動が一段と盛り上がりました。たとえば、1967年10月には、首都ワシントンで10万人が参加したとも言われる大規模な反戦集会が開かれましたし、また、全米各地の約30都市においても、ヴェトナム反戦デモが実施されました。ついにジョンソン大統領は、1968年3月31日にテレビ放送された演説の中で、大統領選挙に出馬しない意向を全国民に明らかにしました。

1968年3月31日　全国民向けのテレビ番組で大統領選不出馬の意向を発表するジョンソン大統領／『Marching in the Street』p.117 The Free Press・刊

1963年3月、アメリカ軍によるヴェトコン掃討作戦において、女性や子供を含む約500人が殺害される、いわゆるソンミ村虐殺事件が起きました。ところで、ヴェトコンとはヴェトナム共産主義者のことで、1960年の南ヴェトナム解放民族戦線の結成前から、反政府武装勢力に対する俗称でありました。そのソンミ村虐殺事件が1969年にテレビやその他のメディアで大き

く報道されると、ヴェトナム戦争の正当性に対する疑問の声が世界各地で一斉に湧きあがりました。たとえば、ヨーロッパでは、1968年5月に学生を中心とするゼネストに端を発するパリの5月危機以来、緊張がさらに高っていきましたし、また、アメリカ国内においても、ヴェトナム反戦運動は全国的に広がっていきました。そして、ヴェトナム反戦運動に加え、黒人差別反対運動、人種暴動や女性の権利拡大運動などの影響により、アメリカ社会の二分化が徐々に進んでいったのです。

ダウ・ケミカル社のリクルート事件について ―ウィスコンシン大学でのヴェトナム反戦運動

そのような状況の中で、ウィスコンシン大学においてもヴェトナム反戦の動きが活発になっていったのでした。

初期には、ヴェトナム反戦の運動は小さい規模でしたが、1964年頃からは全米の大学キャンパスに拡がり、その規模は徐々に大きく、運動も次第に過激になっていきました。ウィスコンシン大学も例外ではありませんでした。

ウィスコンシン大学でのヴェトナム反戦運動は、1967年10月17日と18日に起きたダウ・ケミカル社のリクルート事件となって現れました。ダウ・ケミカル社がその両日に新卒者を募集するためにキャンパスを訪れていたのでした。同社は、ミシガン州に本社をもつ世界最大の総合化学品メーカーで、当時ヴェトナム戦争で使用されるナパーム弾を製造していました。

ナパーム弾により多数の犠牲者が出ていることを、テレビ報道などを通して知っていた反戦運動家たちは、18日に抗議に立ち上がりました。彼らは、最初は面接を妨害するために座り込みに入ったのです。しかし、より過激な活動家は、大学の建物に入って立てこもり抗議運動を続けました。それを聞きつけた大学当局は、キャンパスへの Campus Police（キャンパス警察隊）

135

ダウ・ケミカル社のリクルート活動へ
の抗議デモで荒れるキャンパス（上左）
／ The University of Wisconsin:
A Pictorial History by Arthur O.
Hove University of Wisconsin
Press・刊

鎮圧のために導入されたキャンパス・
ポリス（上右）と州兵（下）／
The Wisconsin Badger:Wisconsin
1969

の導入を要請しました。キャンパス警察隊だけでは大学の秩序と安全を守るのに不十分と判断した大学側は、今度は銃を装備したNational Guard（州兵）までも導入したのでした。

　警察隊が催涙弾を発砲し、その煙は一時辺りがよく見えなくなるほどキャンパス内を覆いました。大学は大混乱に陥りました。特に、教室へ急ぐ学生たちは何が起きているのかが十分に理解できず、大声で悲鳴を上げうろたえるばかりでした。偶然にも、私はその現場に居合わせたので、この事件の一部始終を目撃したのでした。現地のメディア報道によれば、州兵とキャンパス警察隊の導入と催涙弾の発砲により、学生のうち65人が病院に搬送され、

多数が警察に逮捕されたということでした。

その時、キャンパス警察隊だけでなく州兵までもキャンパスに導入するという大学側の決定は、少し行き過ぎではないかと思ったのですが、しかし同時に、当時次第に激しさを増していたベトナム反戦運動と頻発する人種暴動、それに対するアメリカ国民の不満と社会の亀裂への不安感からそのような判断をせざるを得なかったのかもしれない、とも思いました。私は、リベラルな大学としてウィスコンシン大学に誇りを抱いていたので、この事件の展開に大きな衝撃を受けました。

いずれにしても、私は「燃えるアメリカ、揺れるアメリカ」で、留学生の立場が徐々に微妙になりつつあると肌で感じ始めていましたので、明らかに政治的だと思われる発言は極力控え、意識して「ノンポリ学生」のように毎日を過ごそうと努めていました。しかし、このダウ・ケミカル社リクルート事件をきっかけに、多くの友人やルームメートが、私に意見を求めてくるようになったのです。そのような状況も相まって、私は次第に意識して学生仲間との対話をするようになり、本音も口にするようになっていきました。それまであまり注意を払ってこなかった大学の学生新聞『デイリー・カーディナル（The Daily Cardinal）』などを心がけて読むようになったのでした。

私がこのダウ・ケミカル社リクルート抗議事件から学び、反省したことは、自分がアメリカや世界についてほとんど知らないだけでなく、わかってもいないこと、これまで自分の頭であまり考えてこなかったこと、それに、自分の意見を持つことの大切さと、じっ

ヴェトナム戦争であぜ道を行軍するアメリカ人兵士／The Wisconsin Badger:Wisconsin 1969

ウィスコンシン大学キャンパスでのヴェトナム戦争戦死者追悼の集会／The Wisconsin Badger:Wisconsin 1969

1968年に戦死したアメリカ人兵士は1万4546人、解放戦線・北ヴェトナム軍兵士は推定で19万1387人であったといわれている。

くりと人の意見に耳を傾けることの大切さなどでした。しかし、この事件が、それまでの私のヴェトナム戦争観や世界観、それに、その後の生きる姿勢に少なからず影響を与えたことは間違いないように思われます。

キング牧師暗殺事件について
―公民権運動の高まりと人種暴動

　もう1つの事件は、アメリカの「人種問題」に起因する、キング牧師の衝撃的な暗殺事件でした。それは、スウェーデンの経済学者で、ノーベル経済学賞の受賞者グンナー・ミュルダールの名著の題名『An American Dilemma: The Negro Problem and Modern Democracy（アメリカのジレンマ）』が見事に表しているように、これまでアメリカ社会を悩まし続けてきた問題でした。

・キング牧師暗殺事件の背景

　1954 年に合衆国連邦最高裁判所は、白人と黒人の人種関係において、「ブラウン事件」判決と呼ばれるアメリカ史上画期的な判決を下しました。連邦最高裁判所は、それまで人種隔離を擁護してきた 1898 年の「プレッシー対ファーガソン判決」を覆し、「分離された教育は本質的に不平等である」との判決を下したのです。それ以来、憲法に保障されたアフリカ系アメリカ人の人権の擁護を求める人たちと、それに反対する保守的な人たちの間で対立が続き、人種間の緊張を高める暴力沙汰が日常茶飯事のようにアメリカ各地で頻発してきました。

　たとえば、私がアメリカに到着する 2 か月前の 1967 年 7 月 12 日に、ニュージャージー州ニューアークで人種暴動が発生し、26 人が死亡するという痛ましい事件がありました。この事件を皮切りに、ミシガン州デトロイトでは 7 月 23 日から 30 日に、ウィスコンシン州ミルウォーキーでは 7 月 30 日に、人種暴動が起きました。その後、人種暴動は全米の都市に拡大し、多発しました。人種暴動の事件は、メディアが 1967 年を「Long and hot summer（長くて暑い夏）」と呼ぶほど、過去最大の規模となりました。その中でも最も衝撃的だったのは、1968 年 4 月 4 日にマーチン・ルーサー・キング・ジュニア牧師が白人のならず者の凶弾に倒れるという痛ましい事件でした。

　キング牧師は、プロテスタント＝バプティスト派の牧師で、非暴力主義による公民権運動、それにヴェトナム反戦運動のカリスマ的指導者として、数多くのアフリカ系アメリカ人やリベラルな白人のアメリカ人から尊敬されていました。事件は、キング牧師が遊説中のテネシー州メンフィス市内にあるモーテルで起きました。キング牧師暗殺のニュースは、燎原の火のごとく瞬く間に全米各地に広がりました。キング牧師暗殺事件のニュースを耳にし、悲しみと怒りの頂点に達したアフリカ系アメリカ人は立ち上がりました。彼

ウィスコンシン大学キャンパスでのキング牧師暗殺抗議集会
／The Wisconsin Badger:Wisconsin 1969

らの抗議運動は、多くの都市で人種暴動に発展しました。

　私がキング牧師暗殺のニュースを耳にしたのは、大学での授業と授業の合間の休憩時間でした。キャンパスは、一瞬のうちに重苦しい雰囲気に包まれ、大混乱に陥ってしまいました。学生の中には、大声で泣き叫ぶ者がいるかと思えば、マイクロホンを手にして、「すぐにクラス討論を」と周りの学生に呼びかける者もいました。

　しかし、多くの学生にとっての最大の関心事は「授業を続けるべき」か、それとも「休講にすべきか」という問題でした。結局は、大学当局によって、キング牧師暗殺事件とは関係なしに、授業続行の判断がなされました。その後は、キャンパスの混乱も次第に下火になり、授業や12週目の定期試験は

予定通り実施されました。大学当局の判断と、それに基づいてとられた措置への学生の対応から、私はアメリカ社会では「契約履行義務」の観念がしっかり根付き、多くの人に受け入れられているとの印象を受けました。

　キング牧師暗殺事件から数日間は、教職員や学生の参加する抗議のデモ行進が、大学の建物と州議事堂を結ぶState Street（ステート・ストリート、本通り）を中心に、昼夜を問わず行われました。私もアメリカ人学生に交じって、ジョーン・バエズの「We Shall Overcome（勝利を我らに））」やボブ・ディランの「The Times They Are A-Changin'（時代は変わる）」などを歌いながら、デモ行進に加わりました。

　ウィスコンシン大学の学生によるデモ行進はマディソン市にとどまらず、州最大の都市ミルウォーキーまでバスで繰り出し、「What do we want？（要求は何か？）」、「Freedom Now！（今すぐ自由を！）」と、シュプレヒコー

マディソン市ステート・ストリートにおけるキング牧師暗殺への抗議デモ行進
／The Wisconsin Badger:Wisconsin 1969

ルを叫びながら、町の大通りを平和行進したのでした。私は、留学生ではありましたが、アメリカ史に残るこの一大事件の目撃者になっただけでなく、抗議デモに参加したことで、アフリカ系アメリカ人との間にある種の一体感を抱いたのでした。

　話は少しそれますが、学生をはじめマディソンの市民は、20世紀初頭に高まった革新主義運動の遺産である「Wisconsin Idea（ウィスコンシン理念）」を受け継いだlandmark（伝統的規範）として、現在もなおステート・ストリートに特別な思いを抱いています。といいますのは、マディソン市民は、「学問は、政治と密接な関係にあるだけでなく、州住民に奉仕するためにある」という強い信念を抱いているからです。ところで、革新主義運動とは、政治の腐敗を撲滅し、アメリカに民主主義を蘇生するために、全米各地で高まった民主化の政治・社会運動です。

ロバート・ケネディ上院議員暗殺事件について
―銃社会アメリカのジレンマ

ロサンゼルスでのロバート・ケネディ上院議員

　さらに追い打ちをかけるように、今度は1968年6月5日にロバート・ケネディ上院議員が銃撃を受けて暗殺されるという信じ難い事件が発生しました。
　当時、ケネディ上院議員は、同年8月に開催予定の民主党全国党大会で同党から大統領候補の指名獲得を目指していました。そして、「反戦」を主な争点に全国各地を遊説していたのでした。

丁度その日、ケネディ上院議員はカリフォルニア州で行われた民主党の予備選挙に勝ち、ロサンゼルスの宿泊先のホテルで支持者に向かって勝利宣言をしていました。その最中に、ケネディは悲劇に遭遇したのでした。

カリフォルニア州での民主党大統領予備選挙の勝利宣言直後に銃で暗殺されたロバート・ケネディ上院議員

ケネディ上院議員が若くて精力的である上に、ハト派を代表する大統領候補であっただけに、学生の間でもとても人気がありました。突然のケネディ暗殺のニュースは、キング牧師暗殺のニュースと同様に大きな衝撃を学生に与えました。大学当局は、大学本部である Bascom Hall に半旗を掲げて哀悼の意を表す一方、学生も集会を開き、ケネディ上院議員の死を悼んだのでした。

1968年6月 ウィスコンシン大学キャンパスでの故ロバート・ケネディ上院議員の追悼式

留学中に、しかもセメスター中に、歴史的な事件が2度も起こるとは全く予想もできませんでした。銃による暗殺事件に遭遇し、私の頭にアメリカ社会についていろいろなことが浮かんできました。

合衆国憲法修正第2条によれば、「……人民が武器を保有し、またそれを携行する権利は、これを損なうことはできない」と規定されています。しかし、マサチューセッツ湾植民地を建設するために、1630年にピューリタン（清教徒）の1団を率いて大西洋を航行する「アーベラ号」の船上で行った説教

の中で、ジョン・ウィンスロップ総督は、これから建設しようとする新世界の理想的なコミュニティ社会を「The City upon a Hill（丘の上の町）」と呼んだと言われています。

　理想的なコミュニティ社会を造ったはずのアメリカにおいて、キング牧師、ロバート・ケネディ上院議員の暗殺事件が起きました。その後も痛ましい事件が起こるたびに、国民の間には銃保持規制の強化や銃保持禁止の声が高まりますが、一時的な掛け声に終わり、いまだに抜本的な解決策には至っておりません。

　アメリカにおいて、どうしてこんなに頻繁に銃による暗殺事件が起きるのか。なぜアメリカ社会は、銃へのアクセスがそんなにもたやすいのか。高度に発達した民主的な市民社会であるにもかかわらず、また、悲劇的な事件が多発しているにもかかわらず、なぜアメリカ市民は銃を手放すことができないのか。なぜアメリカ政府は銃の保持を禁じることができないのか、といった疑問が頭に浮かんできたのでした。

　建国以来、アメリカは中央政府と州および地方自治体に国権を分割する連邦制度を採用しました。そして、アメリカには銃の保持を認める考え方が2つあり、それが銃保持禁止を阻む働きをしてきたように思われます。

　1つは、中央政府の圧政に抵抗し、州および地方共同体の自由と自治を、市民自らの手で守る、いわゆる革命権を人民の権利として捉え、その観点から住民の銃保持を認める考えであります。それは、植民地時代にイギリス本国から武力弾圧を受けた歴史的経験から、中央政府に対する市民の根深い不信感と常備軍に対する反感、それに市民が民兵として、あるいは陪審員として、公務に参加し、自らの手で統治する共和国市民の責任感に基づいているものと考えられます。

　もう1つの考え方は、自分の安全は自分で守る、すなわち自衛のための銃保持は、神様から与えられた、誰にも譲ることのできない権利と捉える自由

主義の思想であります。

　銃禁止を実現するにはこれら2つの原理的な政治思想と、合衆国憲法に定められた、全米の州議会の4分の3の賛成を必要とする憲法改正手続きの高いハードルを越える必要があります。

　さらに、銃保持の禁止を難しくしているものに、大多数のアメリカ国民が、共和主義、すなわち人民主権の原理をアメリカの大義名分、存在理由として誇りに思うとともに、彼らの心の拠り所として支持している点にあると思われます。

　したがって、銃保持の問題は、アメリカ市民にとってアメリカの存立と彼らのアイデンティティの根幹にかかわる極めて重大な問題であり、市民が非武装さえすれば、銃犯罪はなくなるであろうと短絡的に期待しうる問題ではないことに気づきます。

　アメリカの銃保持の問題は、単に善と悪の二分法的な道徳問題でもないし、またハンティングなどのレジャーを楽しむ個人の権利を強調する全米ライフル協会や、私的利益を追求する銃製造業者や銃販売業者のような圧力団体の影響、再選のために圧力団体の利益を代弁する日和見的な政治屋のモラルの問題に還元できるほど、単純な問題ではないように思われるのです。

　私は、二つの銃暗殺事件を通して、合衆国憲法に守られた銃保持の伝統がアメリカ社会に根深く浸透していること、建国当初からアメリカ社会が銃社会としてスタートしたという歴史的事実に気づいたのでした。また、2つの銃暗殺事件を通して、私は、暴力による問題解決を容認する近代の価値が「非暴力による抵抗」の選択肢、すなわちマハトマ・ガンジーの生き方や発想、それに非暴力の共同社会を目指す道を、除外してはいないかと思うようになったのです。

　これらの疑問を1つ1つ解き明かすには、アメリカ史の原点に立ち帰ること、植民地時代から18世紀後半の合衆国憲法制定期に至るこの国の歴史過程をしっかりと勉強することの必要性を痛感したのでした。

第4章

留学を延長するために
打開する方法を考える

留学期間の終わりを目前にして

　キング牧師とロバート・ケネディの暗殺事件が起きた頃（1968年4月〜6月）、私の留学期間も終りに近づこうとしていました。丁度その時、アメリカでは4年に1度の大統領選挙戦が佳境に入ろうとしていました。この国の一大政治イベントである大統領選挙を、アメリカ史を学んできた留学生として是非とも自分の目で見、アメリカ民主主義の鼓動を直に感じ、それを自分で確かめたい、という思いが日々強くなっていました。そのために何とかして留学期間を延長するすべはないものか、1年間でなくも少なくとも半年間、せめて大統領選挙が終わるまで、アメリカに留まることはできないものかと、あれこれと思いを巡らしていました。

　そうしているうちに、アメリカ中西部の10大学からなる Big Ten 大学教育連盟が、全米の大学生を対象とした夏季日本語集中講座（6月〜8月）をウィスコンシン大学マディソン校で開催すること、そして、Teaching Assistant, TA（助手）として日本人教師を募集しているという情報を手に入れたのでした。アメリカ留学をする前に日本で外国人教師に日本語を教えたことがあった私は、「当たって砕けろ」、「ダメでもともと」の気持ちで、早速、応募することにしました。もし採用されれば、TA の仕事から入る給料で秋セメスターの授業料を支払うことができ、生活費も賄えること、そうなれば大統領選挙をじっくりと観察できるし、またアメリカ国内を旅行することも不可能でないと思うと、頭はその夢で一杯になりました。

　幸いなことに、その TA の仕事が私に回ってきました。夏季日本語集中講座の主任教授は、ミネソタ大学のコープランド教授でした。これで大統領選挙を身体で実感できること、それに加え、ほぼ同年輩のアメリカ人学生に日本語を教えることにより、彼らからアメリカについていろいろ尋ね、学べる機会が持てること、この機会を通して新しい世界が再びぐんと広がるかも

しれないとの予感がし
たのでした。
　驚いたことに、夏季
集中講座期間の宿舎が、
1年前にマディソンに
着いた初日に宿泊した
ジョーンズ・ホールで
あることがわかりまし
た。ジョーンズ・ホー
ルは、メンドタ湖に面

1968年7〜8月／夏期日本語研修のTAを務めたときの学生

したこじんまりした学生寮でとても快適な宿舎でした。その奇遇に、私は何かの縁を感じざるを得ませんでした。そのジョーン・ホールで全米から集まってきたやる気満々のアメリカ人学生と10週間寝食を共にし、ウィスコンシンの夏を過ごしたのでした。ある時は、日本語で彼らとディベートして、夜遅くまで議論を戦わせることもありましたし、また、ある時は、昼休みを利用して一緒に湖で泳いだり、気分転換としてパーティを催したりすることもありました。それらはすべて、忘れがたい青春の楽しい思い出として、今もしっかりと記憶に残っています。

夏期休暇中のアメリカ国内旅行

　TAとして10週間に及ぶ夏季集中講座での仕事を何とか無事に終えることができました。それは、かなりハードな仕事でしたが、貴重な経験でもありました。
　2、3日休養を取った後、私は、8月半ばから秋セメスターが始まる9月までの期間を利用して、アメリカ国内を旅行することにしました。その間に気分転換をして英気を養い、そして、可能な限り見聞を広めたいと思っていましたが、一番の目的は、アメリカ東部に住む知人に会いに行くことにありま

した。

　別の所でも書きましたが、私は高校1年生と2年生の時に、1人は姫路市で、もう1人は瀬戸内海を航行中の観光客船の中でアメリカ人と偶然出会い、その後も文通などを通して親しくしていました。今、私は古いアルバムをめくりながら、パソコンを使って原稿を書いていますが、その当時は、現在のようにコンピュータやインターネットが世に出回っていませんでした。その親しかったアメリカ人の方々が帰国した後は、私は手書きか、時にはタイプライターを使って手紙を書き、文通を続け、交流していたのでした。

　そのようなわけで、今回のアメリカ留学を機に、私はその方々と再会したいと思い立ち、それぞれの家を訪ねることにしました。今思い返しますと、旅行に出発する時の私は、7年～8年ぶりに再会できる喜びと、アメリカで初めてひとり旅をする心許なさとが入り混じった、何とも言えない複雑な気持ちだったと思います。しかし、私は、持ち前の体力と好奇心とコミュニケーション力を最大限に駆使して、「身に危険さえ及ばなければ、何でも見てやろう、何でも一度は経験してみよう」の方針通り、長距離バスである Greyhound Lines に飛び乗り、マディソンの町を出発しました。

グレーハウンド長距離バスのターミナル

　グレーハウンドバスを利用してのアメリカ国内旅行は、安上がりな上に全体としては快適でした。昼間バスは、Interstate Highway（州間高速自動車道）を猛スピードで走り、窓から眺める郊外の景色を大いに楽しむことができました。しかし、バスの運賃が安いこともあって、バス

第4章　留学を延長するために打開する方法を考える

　旅行は必ずしも気の休まるものではありませんでした。といいますのも、私のような外国人乗客は、バスの中でのトラブルや荷物の盗難を避けるためには、バスのトイレを使用する時以外は容易に荷物から離れることができなかったからです。夜になると、長距離バスの中の緊張感はさらに高まるように思えたのでした。

　最初に再会する予定の方は、当時、テネシー州ナッシュヴィルに住んでいたジョン・デービス夫妻でした。他の所でも書きましたように、デービス夫妻は、私が高校1年生の時に生まれ故郷の兵庫県姫路市の南地区で偶然出会ったアメリカ人技師でした。

　デービスさんは、オクラホマ州のタルサ市出身の溶接技師で、機会があれば世界のどこへでも出向いて逞しく働く「フロンティア精神」の旺盛なアメリカ人移住労働者でした。たとえば、デービス夫妻は私と別れた後、すぐに日本を離れ、南米チリの第2の都市バルパライソ（天国の谷という意味）へと移り住み、そこでしばらくの期間溶接技師として働いたのでした。

　私を乗せた長距離バスがナッシュヴィルの町に着いた時、デービス夫妻は、バスターミナルまで出迎えに来てくれていました。私に気づいた瞬間、2人は両手で私を力強く抱きしめ、「"Welcome back." "Long time, no see."（お久しぶり！ようこそ、いらっしゃい！）」と言って歓迎してくださいました。それに対して私は、間髪を入れずに「"The same here! I am so delighted to see you again."（こちらの方こそ。お会いできてとてもうれしいです。）」と答えました。それは、まるで自分の子供を抱きしめるような、そして何年かの空白など一瞬にして吹き飛ばしてしまうような、温かな出迎えでした。その時、私は、人種、民族、国籍を異にした人と人との「友情と絆」のありがたさを、心の底から感じたのでした。

　デービス夫妻と再会した時に、デービスさんがナッシュヴィルの郊外のトレーラーハウスに住み、とても元気にしておられることがわかりました。日

本におられた時と変わらずお元気な様子が何よりもうれしかったのですが、住居がトレーラーハウスと伺った時は、一瞬と戸惑ってしまいました。それまでずっと私は、アメリカ人の大半が豊かで大きな邸宅に住み、ゆったりとした生活を送っていると思っていたからでした。しかし、その時、デービス夫妻がオクラホマ州の出身者であることを思い出し、私は、デービスさんが、ジョン・スタインベックの小説『怒りの葡萄』の中で登場する「オーキー」の1960年代版であるかもしれないと一瞬思ったのでした。

　ところで、オーキーとは「オクラホマ野郎」という意味で、1930年代の恐慌期に借金で生活に困り果て、オクラホマ州から「約束の地」のカリフォルニア州を目指して貧民キャンプを転々と移動する経済難民のオクラホマ人を指す差別的な呼び名でした。

　それはともかく、私にとってのデービス夫妻は、姫路での初対面の時と同じく、とても親しみやすくて、温和で仲の良い親切なアメリカ人であることに何ら変わりはありませんでした。

　軽い昼食を済ませた後、デービスさんはアメリカ西部のフロンティア（辺境地）を思い出させるような樹木の繁る森林地へと私を連れて行ってくださいました。その日の夜はトレーラーハウスで一緒に夕食をいただくことになっていたので、デービスさんと私は、今晩の食事のためにと散弾銃を手にキジやリス、それに七面鳥などの獲物を捕りに行ったのでした。

　予想通り、夕食のテーブルに出された「超豪華な」食べ物は、何とキジや七面鳥のロースト肉、リスの肉の揚げ物など、その日の獲物でした。銃を手にすることさえ私にとって驚きの初体験であった上に、日本人の間では可愛い小動物として可愛がられているリスを銃で撃ち殺し、そしてフライにまでして口にするとは、「アメリカ人って何と野蛮なんだろう」、「あり得ない」と一瞬、たじろぎ身がすくむ思いがしました。複雑な顔をしている私に気付いたデービス夫妻が、「"Oh! Takeshi, don't force yourself, if you don't like it. Don't worry"（タケシ！　無理しないで。気にすることはないよ。）」と言ってくれました。しかし、私は、これも「広義の文化交流だ」と気を取り直し、精一杯心のこもったデービス夫妻の「おもてなし」を清水の舞台から飛び降りる思いで頂戴したのでした。

　今回の旅行で、私が再会を望んでいたもう１人のアメリカ人は、ローレンス・リチャードソン元アメリカ海軍大佐でした。リチャードソンさんは、私が高校の修学旅行の時に、同じ観光客船「むらさき丸」に乗り合わせ、船上のデッキで言葉を交わした人でした。その時リチャードソン元大佐は、アメリカ海軍から退役した記念に、夫人と同伴で世界１周旅行をしていました。

　それから６年後の1968年８月にリチャードソン夫妻は、メリーランド州ヘーガーズタウンの古風な邸宅で隠居生活を楽しんでいました。ヘーガーズタウンは、人口がおよそ４万人で、メリーランド州の西部、すなわち首都ワシントンから北へ車で２時間足らずの所に位置する小都市です。ヘーガーズタウンは、地理的には必ずしも利便性がよいとはいえ、メリーランド州最大の都市ボルチモアやワシントンへは自家用車がないと不便な町です。

　そのような地理的な事情から、リチャードソン元大佐は、わざわざボルチモアのバスターミナルまで足を運び、バス旅行を続ける私を待っていてくださったのでした。バスターミナルでリチャードソンさんと再会した時、私は、リチャードソンさんの特別な配慮とご厚意、それに温かいおもてなしに大感激したのを今も覚えています。リチャードソンさん曰く、「"Hello there, Takeshi! How was your bus trip?"（ようこそ、いらっしゃい。バス旅行はいかがでしたか。）」と。すぐに私は、「"Thank you very much for coming to greet me at the bus terminal. Everything is going well, as planned. Many thanks."（わざわざボルチモアまでお迎えに来てくださり、ありがとうございます。おかげさまで私のバス旅行は、すべてがうまく運んでいます。）」と答えました。

　1時間余りのドライブの後、コロニアル様式の邸宅に無事到着しました。そして、早速、特別な「賓客」として小ぎれいな応接室に案内されました。その応接室には、アンティーク調の様々な家具調度品が並べられており、骨董品と思われるテーブルには、香り漂うポプリと花瓶が置かれているのがとても印象的でした。

　リチャードソン夫妻は、それまでの文通を通して私のことを実によく知り、覚えておられました。夕食を囲んでの談話の中で、私は、リチャードソン元海軍大佐の戦争体験や、ヴェトナム戦争、アメリカ国内で高まる反戦運動についての所見を伺ってみたいと思ったのですが、その日は夫妻と久しぶりに対面できた日であった上に、食事中に話題にするような性質ものでないこと、それに、バスによる1人旅で私が大変疲れていたこともあって、残念ながらそのような機会はもてませんでした。ただ、私がアメリカ史に興味を抱いていること、ウィスコンシン大学でアメリカ史の勉強に取り組んでいることなどを話したところ、翌日にリチャードソンさん自らがゲティスバーグを案内してくださることになりました。

　南北戦争の激戦地の1つゲティスバーグは、メリーランド州の隣のペン

シルベニア州に位置し、ヘーガーズタウンからあまり遠くないところにあります。1863年11月、アブラハム・リンカン大統領は、ゲティスバーグにおいて歴史に残る名演説を行ったのでした。その演説は、「"Four score and seven years ago, our fathers brought forth on this continent a new nation, conceived in liberty and dedicated to the proposition that all men are created equal."(87年前、われわれの父祖は、自由の精神に育まれ、人はみな平等に創られているという信条にささげられた新しい国家を、この大陸に誕生させた)」で始まり、「"We here highly resolve … that government of the people, by the people, and for the people, shall not perish from the earth."(人民の人民による人民のための政治を地上から決して絶滅させないために、われわれがここで固く決意することである。)」で閉じられる不朽の名演説です。

ペンシルベニア州アダムス郡にある南北戦争激戦地のゲティスバーグ古戦場

　ゲティスバーグの演説は、格調の高い英語で書かれている上に、長さが3分という大変短いので、英語の授業では演説を暗記し、暗唱することを推奨されますが、私もそれを取り入れているひとりです。そして、今でも英語での挨拶や講演が始まる前には、ほんの2～3分の間、人影のないところでゲティスバーグの演説を、リチャードソンさんを思い出しながら口ずさむよう

に心がけています。リチャードソン夫妻は、私がリチャードソンさんの家に滞在している間、Guest of Honor, or a Very Special House Guest（賓客）として迎え、もてなしてくださったのでした。

メリーランドからニューヨークへ

リチャードソン夫妻の心温まるおもてなしを受けた後、次の旅行先をアメリカ最大の都市ニューヨークへと移しました。再び貧乏旅行に戻った私は、ニューヨークの治安状況についてあまり深く考えることなく、マンハッタン島の中心部にある YMCA（Young Men's Christian Association, キリスト教青年会）をニューヨークの宿と決めていました。そうしたのは、YMCA が日本でも名の通った若者向けの短期宿泊用の宿だったことに加え、その宿泊代金が他のホテルと比べてべらぼうに安かったからでした。

受付で登録を終え、鍵をもらい部屋へと案内されました。しかし、その後すぐに、YMCA は、私の思っていたような宿泊場所でないことに気付きました。部屋は薄汚くて狭い上に、小さな洗面台があるだけで、トイレもシャワー室も付いていません。そのために、用を足すにはいちいち部屋を出なければならなかったのです。もちろんシャワー室も他の宿泊客と共用でした。

共用のシャワー室やトイレへ行って仰天したのですが、利用客のうちの何人かが麻薬常習者と思しき人のようでした。彼らは、何か薬物（今思うとLSD やコカイン）を口にしたり、マリファナ（大麻）を吸ったりしながら、シャワー室やトイレで用を足していたのでした。私は、わずか1日の間に、「天国」のようなヘーガーズタウンから、「地獄」のようなニューヨークのまったく別世界に放り込まれたような気がして動転し、息が詰まりそうになりました。その時の驚きがあまりにも大きかったので、YMCA に宿泊する彼らは、何とみじめなアメリカ人なのだろう、どうして彼らはそのような人生を送らざるを得ないのか、私には思いをめぐらす心の余裕などまったくありません

でした。宿泊場所として YMCA を選んだこと自体、私がアメリカの社会について何もわかっていないということを思い知らされたのでした。私は、急いで自分の部屋に戻り、気を紛らわせようと、すぐに備え付けの小さくて古ぼけたテレビをつけたのでした。

　テレビをつけた瞬間、アメリカ国内と東ヨーロッパで 2 つの大事件が起きていることに気付きました。1 つは、イリノイ州シカゴ市で開催中の民主党全国党大会を大混乱に陥れた事件であり、もう 1 つは、ワルシャワ条約機構 5 カ国軍によるチェコスロバキアへの侵攻事件でした。

民主党の大統領候補を選ぶ 1968 年の全国党大会

　私の旅行中に当たる 8 月 26 日から 29 日まで、民主党は、11 月の大統領選挙の党大統領候補を決めるために、全国党大会をイリノイ州のシカゴで開いていました。当時、ジョンソン大統領の大統領選への不出馬の決定を受けて、民主党は、大統領の後継者やヴェトナム戦争の対策を巡って内部分裂に近い状態にありました。そのために、党大会の会場では戦争反対・和平派と、戦争続行派が激しく対立し、両派の間で熱い論戦が戦わされていました。

　緊張の漲る会場内で党大会を取材していた有力ジャーナリストは、数名の代議員をインタビューしていました。その最中に、ジャーナリストが警備員から乱暴を受ける事件、いわゆる「ダン・ラーザー事件」が発生したのです。当然のことながら、会場は大混乱に陥りました。そのような混乱状態の中で議事が進行され、長時間に及ぶ代議員票獲得競争の末、最終的にリベラル派と目されていたヒューバート・ハンフリー副大統領が大統領候補に、そして、メーン州選出のエドマンド・マスキー上院議員が副大統領候補に選ばれました。

一方、会場の外では、多数の反戦活動家が、ヴェトナム戦争の即時中止を求めて抗議集会を催していました。彼らは、SDS（Students for a Democratic Society 民主的社会のための学生）らの反戦派や、Yippies（Youth International Party、青年国際党）と呼ばれる若い活動家たちでした。反戦活動家たちは、リチャード・デイリー　シカゴ市長によって動員された警察隊と激しく衝突しました。そのためにシカゴ市街は大混乱に陥り、多数の負傷者と逮捕者が出ました。その結果、1968年の民主党全国党大会は、アメリカ大統領選挙史上、前代未聞の嘆かわしい暴力沙汰の事件を引き起こした党大会として、人々の記憶に長く残ることになりました。

ソ連のチェコ軍事介入事件

　もう1つの事件は、ソ連を中心としたワルシャワ条約機構5カ国軍によるチェコスロバキアの侵攻でした。チェコスロバキアでは、1968年1月に経済の停滞と言論の抑圧に反対し、国民の間に民主化運動が盛り上がっていました。ドプチェク第1書記は、国民の声を反映させるために「プラハの春」と称する改革を進めていました。ドプチェクの進める改革は、国民の政治参加の自由、言論や表現の自由など、「人間の顔をした社会主義」を目指すものでした。この動きを、ソ連のブレジネフ政権は、社会主義体制

1968年8月21日　プラハに侵攻するソ連軍戦車／『Marching in the Street』p.143 The Free Pres・刊

第4章　留学を延長するために打開する方法を考える

の否定につながるものと警戒し、8月20日に国境を越えて軍事介入に踏み切ったのでした。そして、首都プラハを占拠するとともに、ドプチェク第1書記ら改革派を逮捕したのでした。

　ソ連の軍事力を背景にした実力行使は、アメリカはもちろんのこと、世界の多くの国々から批判を浴びることになりました。社会主義国の間でも、ソ連を批判する国が次々に出てきました。たとえば、ユーゴスラビアのヨシップ・チトー大統領は、「深い憤慨と抗議」の姿勢を露にする一方、中国の毛沢東は、ソ連が「社会帝国主義に墜落」したと非難しました。それに対してソ連は、ブレジネフ・ドクトリン（制限主権論）を展開して、チェコスロバキアへの軍事介入を正当化する一方、チェコスロバキアからの軍隊撤収の要求を断固拒否したのでした。

　ソ連のチェコ軍事介入事件は、東ヨーロッパの社会主義諸国が一体でないこと、それに、東西間の冷戦が依然として続いている現実を、世界の人々に知らしめることになりました。そして、5月危機を経験したフランスや、1970年代に東方外交を展開するドイツ、それに中国などに、深刻な影響を及ぼすことになったのでした。

残余期間中のアメリカ留学生活

　およそ2週間の旅行を終え、1968年8月末にマディソンに帰ってきました。マディソンに戻ると、秋セメスターも続けて日本語のTAとして採用してもらえるという、うれしい知らせが待っていました。夏季集中講座での実績が評価されたことがその理由のようでした。秋セメスターに収める授業料がTAの特権として州在住の学生と同じ額になるので、残余期間中の留学生活がこれまでよりも経済的に楽になり、学業により専念できることになりました。そして、もし秋セメスターを無事に終えることができれば、ウィスコンシン大学を卒業する確率が高くなってきたのでした。

159

ところで、私は、マディソンでの留学の初期は交換留学生として登録され、非卒業資格の学生でした。しかし、勉強を続けていくにつれ、できればウィスコンシン大学を卒業して日本に帰りたい気持ちが次第に強くなってきました。そこで、私は、日本の高等教育事情に詳しい Department of History（歴史学科）の Chairman（主任教授）に、ウィスコンシン大学を卒業したい旨を相談しました。幸いなことに、主任教授は私の話をしっかりと受け止め、協力を惜しまないとの理解を示してくださったのでした。そして、日本で取得した単位の1部が認められ、ウィスコンシン大学の単位に振替えることが可能となりました。その結果、振替単位数と68年夏の短期サマースクールで履修した必修科目の単位数、それに、68年度の秋セメスターで取得する単位数を合わせると、私はウィスコンシン大学の卒業資格条件を満たし、卒業有資格者になれたのでした。

　秋セメスターの履修科目として、私は「古代ギリシア＝ローマ史」、「ロシア革命期の歴史」、「19世紀末からの近代中国史」の3科目を履修することにしました。これらは、歴史学科を卒業するために必要な授業科目でしたので、手が抜ける科目ではありませんでした。高校生の時、世界史を学んだことがあり、基礎的な知識は多少備えていると思っていたのですが、いざ授業が始まると、自分の考えの甘さをいやというほど思い知らされました。といいますのは、各々の授業内容は、細部にわたり詳しい上に、分析・解釈も深かったからです。

　さらに、「古代ギリシア＝ローマ史」や「近代中国史」の講義や討論は英語で行われたので、授業に登場する専門用語、特に、その英語の表現は日本で教えられたものとは想像すらできないほどかけ離れたものが多く、日本の高校で得た知識がほとんど役に立たないことがわかりました。その例をいくつか挙げますと、エーゲ文明は、英語では「Aegean Civilization（イージアン・シビリゼーション）」、ポエニ戦争は「Punic Wars（ピューニック・ウ

ォーズ）」、カルタゴは「Carthage（カーセッジ）」、3頭政治は「triumvirate（トライアンビレット）」、キケロは「Cicero（シセロ）」と発音されていました。また、近代中国史の授業では、清朝のことを「Ching Dynasty（チン・ダイナスティ）」、孫文を「Sun Yat-sen（スン・ヤットセン）」、張作霖を「Chang Tso-lin（チャン・ツォリン）」と発音されていました。一事が万事このような状況でしたので、用語の英語綴りも含め、もう1度初めから習う気持ちで臨まないと授業についていけないことを身に染みて感じました。

　秋セメスターがウィスコンシン大学で受講できる最後の学期でしたので、私は、復習するつもりでアメリカ史概説の授業をもう1度聴講することにしました。幸運なことに、その授業を担当していたのが、ウィリアム・A・ウィリアムズ教授であることがわかりました。ウィリアムズ教授は、『アメリカ外交の悲劇』を著したアメリカ外交史研究の第1人者で、アメリカ外交史のウィスコンシン学派の生みの親としてアメリカ歴史学界に大きな影響を及ぼしていた歴史家でした。

　ウィリアムズ教授の授業を聴講して、今も鮮明に思い出されるのは、講義が、積極的に海外進出し始めた19世紀末のアメリカの対外政策に及んだ時、教室が独特の高揚感に包まれたことでした。なかでも講義が、1899年と1900年の2度にわたるジョン・ヘイ国務長官の「門戸開放宣言（Open Door Doctrine）」に及んだ時、ウィリアムズ教授の迫力ある声はさらに高まり、それにつれて教室の雰囲気も一段と熱気を帯びてきました。それは、まるで受講生がウィリアムズ教授の講義に吸い込まれ、教室全体が大きなエネルギーの塊になったかのようでした。私は、後にも先にもこのような経験は初めてのことでした。

　授業を聴講したのを機に、私はウィリアムズ教授のアメリカ史の捉え方や研究方法に惹かれ、教授の著書の幾冊かを注意深く読むようになりました。

後でわかったことですが、秋セメスターが終わった後、ウィリアムズ教授はウィスコンシン大学を後にし、太平洋岸にあるオレゴン州立大学へ移られました。そして、私が偶然聴講した授業が、同教授がウィスコンシン大学で教壇に立たれた最後の授業だったそうです。

ある発見

　3種類の授業科目を履修しながら、日本語のTAの仕事をすることは並大抵のことではないことがすぐにわかりました。予習のための読書量、クラス討論のための論点整理、それに書評の報告の準備などで、一時も無駄にできない、目の回るような忙しい日々が続きました。その上に、TAの仕事としてQuiz（小テスト）の問題作成と採点が加わり、時には真夜中を超えるまで研究室で仕事を続けることさえ稀ではありませんでした。

ウィスコンシン大学のTA用の研究室

　ある日、小テストの採点のために研究室に夜遅くまで残って仕事をしていた時のことでした。時間は真夜中を過ぎており、建物には人がいないはずでしたが、どこか外の廊下で大きな扇風機が回っているような音が聞こえてきました。気味が悪く、恐る恐る研究室のドアを開けてみますと、そこには電気掃除機で廊下の床を拭いている年老いた清掃員がいたのでした。その清掃員はアジアから来た移民の人かと思い、「Who are you? What are you up to?（どなたですか。そこで何をなさっているのですか）」と尋ねると、私に

はまったく理解できない言葉が返ってきました。その清掃員の様子からして、私はヴェトナム人かミャンマー人ではないかと思いました。恐らくヴェトナム戦争で難民となり、アメリカで生活を続けるために、誰にも気づかれない夜中に清掃員の仕事をしているのではないかと想像したのでした。

私は、世界の大国アメリカ、移民の国アメリカ、豊かで明るい国アメリカ、自由・平等そして民主的な国アメリカ、そのようなアメリカ社会の底辺で、何とかして生き延びようと、歯を食いしばりながら仕事をしている人を目の当たりにした思いでした。ヴェトナムから遠く離れたウィスコンシンにも、「ヴェトナム戦争の影がこのような形で……、そして、夜が明けると、若いアメリカ人学生が清潔できれいになった廊下を歩いて教室に入っていくのか」と、一瞬、複雑な思いに襲われたのでした。

ウィスコンシン大学ヒューマニティーズ・ビルの内部

ウィスコンシン大学での卒業式

ウィスコンシン大学では、Commencement（卒業式）が年に2度—5月下旬と1月末に—催されます。卒業式の日を間近に控え、私は日一日と次第に気持ちが高まっているのを実感していました。私の卒業式は1969年1月31日で、式の当日、日本の大学生協にあたる民営のUniversity Bookstoreで黒いローブと房のついた四角い帽子をレンタルで借り、友人と一緒に式に臨みました。

163

1969年1月 ウィスコンシン大学卒業式／The University of Wisconsin: A Pictorial History by Arthur O. Hove University of Wisconsin Press・刊

　卒業式では、アメリカの国旗に向かって国歌 The Star-Spangled Banner を斉唱し、続いて、学位授与式が始まりました。卒業生は名前を呼ばれて次々にステージに上がり、学長から一人ひとりに学位証が手渡されました。最後に、卒業式に臨席した人全員で、ウィスコンシン大学マディソン校の応援歌 "On Wisconsin! On Wisconsin!" を合唱し、式を無事に終えたのでした。それは、私にとってアメリカ留学のフィナーレを飾るにふさわしいイベントでした。私は、「やっとこれでひと区切りがついた」という達成感と同時に、全身から急に緊張感が抜けていくような気がしました

学部留学の総括

　私は、およそ1年10か月に及ぶアメリカでの留学生活において、視野を広げるためにできるだけ多くの経験をするよう心がけました。「座学」だけからアメリカを理解するのではなく、できる限り一般のアメリカ人と多く接

し、対話を通して生活に基づいたアメリカ人の生の感情や意見を汲み取ること、そして、自分でアメリカ像を組み立てるよう心がけました。私は、若さと持ち前の旺盛な好奇心を最大限に活かし、実にさまざまな経験をしました。そして、その経験からアメリカとアメリカ人について多くのことを学びました。

たとえば、マディソンの文具店に行くとすぐに私の目に入ったのは、AからZまで仕切られたアコーディオン・ファイルやファイル・カード、それにAからZまで仕切られたルーズリーフ・バインダー、これらはアメリカ人特有の合理主義を見事に表した文具だと思ったのでした。

ところで、アメリカの各大学には愛校心を奮い立たせるマスコットやグッズ、それに大学独自のスクール・カラーがあります。ウィスコンシン大学の場合、それはバッジャーズ（Badgers アナグマの意味）で、スクール・カラーは赤です。フットボール、バスケットボール、それにアイスホッケーなどの大学対抗試合では、バッジャーのぬいぐるみを着たチアリーダーが大いに試合を盛り上げ、観客席は赤1色になります。バッジャーのぬいぐるみ人形、大学の紋章が縫い込められた赤1色のスウェット・シャツやジャンパー、それに短パンツや丸帽子などは、今もなお私が大切にしている懐かしい品物ですが、これらすべて私が留学時代にウィスコンシン大学の「アイデンティティ・シンボル」として買い集めたものでした。

ウィスコンシン大学の大学グッズ／Memories for a Lifetime 2002 Calendar より

しかし、過ぎ去ったこの 1 年 10 か月の留学生活を振り返ってみると、浅学で若輩者であったため、私は素朴で無邪気な質問をして恥ずかしい思いをしたり、あるいは質問を受けた人たちを当惑させたりすることも多々ありました。

　しかし、たとえ的外れの質問であってもアメリカ人の多くは、私の質問に対して、人種や民族的背景、それに年齢や職業の違いを超えて、真摯に受け止めてくださった上に、真正面から質問に応えてくださいました。アメリカ人の誠実な対応に感謝するとともに、留学期間中にアメリカ市民から多くを学ぶことができたことを幸せと思えるようになりました。

　また、留学の貴重な機会を与えてくださった財団法人「サンケイスカラシップ」事務局の皆さまやホストファミリーのアーサー家の皆さん、それにアメリカ留学期間中に様々な形で私を支えてくださった数えきれないほどのアメリカの友人、それに授業で顔を合わせたクラスメートに心からお礼の言葉を贈りたいと思います。

　アメリカ留学は、私にとって異文化生活を通してもう 1 度自分を見つめ直す貴重な機会となりました。といいますのは、留学する前は、それまでの自分の価値観や考え方、それに生活スタイルを当たり前のこととして受け入れ、それらについて深く考えてこなかったからです。しかし、留学体験を通して、この世のものにはすべて既成観念や固定観念とは別に、「オールタナティブ」と呼ばれるもう 1 つ別の考え方があること、そして、その「オールタナティブ」を探し求めて、思索し、概念化することが大変重要であると思うようになりました。中でも貴重な発見と思われたことは、私自身が、アメリカはもちろんのこと、自分の国の歴史や文化についてもあまりわかっていないこと、知識不足も手伝って問題意識が希薄であったこと、すなわち自分が実は何もわかっていないことを思い知らされたことでした。

　別の言葉で表現すれば、これからも英語力を高めていくことは大切に違い

第4章　留学を延長するために打開する方法を考える

ありません。しかし、これから私に求められているのは、英語力を使って人に何を伝えるか、その伝える中身についてしっかりと勉強すること、体系的に勉強し直すことであるとはっきりと認識したのでした。そして、まさにこれが私の第1回目のアメリカ留学体験から得た最大の教訓であり、貴重な成果でもあると思うようになりました。

　果たして私は、この決意をいつまでも持ち続けることができるだろうか。近い将来、私は、ウィスコンシン大学にもう1度帰って来ることができるだろうか。マディソンに帰って来たい。必ず帰って来ると、自分に言い聞かせながら、マディソンを離れる前の日に最後のキャンパスめぐりをしたのでした。そして、懐かしい思い出の多いミュージック・ホールやチャイムの塔に別れを告げたのでした。翌日、私は、マディソン再訪を自分に約束し、楽しく有意義な留学生活を送ったウィスコンシン大学に別れを告げたのでした。1969年4月、それは1年10か月ぶりの日本への帰国でした。羽田に着くや、テレビの画面から、東京大学を始め日本の多くの大学が学園紛争中であることがわかりました。しかし、私には次の目標もあり、その目標をめざしてすぐに大阪外国語大学に復学したのでした。

ウィスコンシン大学のバスコム・ホールと全景、キャンパスライフ／The University of Wisconsin: A Pictorial History by Arthur O. Hove University of Wisconsin Press・刊

第5章

学部と大学院の間奏

1969年4月に帰国するや、私はメディアを通して、日本の多くの大学が大学紛争の真只中にあることを知りました。大阪外国語大学も紛争中でした。教室はもちろんのこと大学の大半の建物は、バリケードで封鎖され、構内で授業が行えるような状態ではありませんでした。母校の変わり果てた情景を目にした時、一瞬私の脳裏に、1968年秋のダウ・ケミカル社のリクルート事件が浮かんできました。

1960年代後半に吹き荒れた大学紛争の嵐
写真・右　撮影／後藤禎久（大好き神田HPより）

　私は早速4年生として復学しました。アメリカへ出発するまで一緒に机を並べていたクラスメートはすでに卒業し、大学に残っている者は誰1人としていませんでした。その時、私は、刻々と過ぎ去っていく「時」の無情さ、孤独感と疎外感、それに、一抹の寂しさを身にしみて感じたのでした。

　大学が麻痺した状態の中で、大学封鎖はいつまで続くのだろうか。これからどうしていけばよいのだろうかと、帰国したばかりの私は途方に暮れそうになりました。しかし、ウィスコンシン大学を去る直前に自分と約束したことを思い起こしました。その約束事とは、「これからも英語力を高めていくことは大切に違いないけれど、今の自分に求められているのは、英語力を使って人に何を伝えるか、その伝える中身について体系的にしっかりと勉強し直すこと。そして、近い将来、大学院生としてもう1度ウィスコンシン大学に帰って来ること」でした。しばらくして私は気を取り直し、自分との約束に沿ってやって行こうと決意を新たにしたのでした。

帰国後のいくつかの課題

銀行から就職の勧誘

　ちょうどその頃、私は大阪外国語大学英語学科の主任教授に呼び出され、「ある銀行が、極めて例外的な措置として、松田君に採用試験として面接の機会を非公式に与えたいので、指定の日時に同銀行の本店まで来てほしいと言っている」と告げられました。その銀行は、日本を代表する一流の銀行で、学生の間では人気の高い職場でした。さらに、同銀行は、サンケイスカラシップ留学制度を支援している協賛企業でもありました。本来ならば、私はその「ありがたい」お誘いを、2つ返事でお引き受けすべきであったし、また、主任教授も恐らく同じように考えておられたのではないかと思います。私は、大学院に進みたいと思ってはおりましたが、しかし、その時は就職する選択肢を頭から除外していたわけではありませんでした。

　大学を卒業し、就職することは、生活の安定を意味します。かつてのクラスメートの多くはすでに就職していましたし、私の心の中には、これまで面倒を見てくれた両親を一日も早く安心させたいという強い気持ちもありました。というのは、両親を1日も早く安心させたいと願う学生にとって、就職は目に見える形の親孝行であったからです。そういうわけで、私の心は複雑で、揺れ動いていました。

　私は、銀行の厚意を無にしたくないと思い、また、主任教授の体面のこともありましたので、面接だけでも受けてみることにしました。そして、指定された日時に本店へ足を運んだのでした。

　銀行の本店は大阪ビジネス街の中心に位置しており、威風堂々とした古代ギリシア＝ローマ式の建物でした。本店内は、同銀行の行員や来客で混雑し、特に、行員は1秒たりとも無駄にすることなく忙しそうに動き回り、仕事を

てきぱきとこなしていました。その様子から、本店で働くことが行員にとって誇りであると同時に生き甲斐でもあるに違いないとの印象を受けました。一方、来客も、同じように本店内を小走りに動き回っていました。忙しそうな実業界の情景を久しぶりに目の当たりにして、私も就職すればこのように働くのかと思うと、店内の活気とは裏腹に、何か場違いな所に立っているような気がして、一瞬心が暗くなりました。

　私はすぐに気持ちを切り替え、エレベーターで指定された部屋へと進み、秘書に身分証明書を見せ、私の用件を説明しました。私は、小さい部屋に案内され、そこで人事担当者が来るまで待つようにと告げられました。私は椅子に座って待ち続けたのですが、しかし30分、いや40分が過ぎても人事の担当者らしき人は現れませんでした。私は、就業日なので担当者も多忙なのかも知れないし、そもそもこの面接の機会は、銀行側の厚意で例外的な措置として私に与えてくださったのだから、と言い聞かせながら、人事担当者が姿を現すまで待ち続けました。

　待ち始めてから45分が経過した時、やっと人事担当者が部屋に入ってきました。同担当者は、「やあ！今日は忙しくてね」と言った後、私にウィスコンシン大学での留学生活、アメリカの印象、大学での成績、部活動などを中心に質問しました。そして、待たされた時間の割にはほんの4・5分、あっという間に面接が終わりました。「松田君、今日の面接はそれだけです。次回は、○○曜日の××時にもう一度、本店に来てください。身体検査をしますから」と言って、人事担当者はすぐに部屋を出て行きました。私は、小さい声で「はい」と返事したものの、その人事担当者の言動にあっけにとられ、この面接をどう受け止めたらよいのか心の整理がつかず、椅子に座ったまましばらくの間部屋に残っていました。と言いますのは、時間に対して、私は「特別な」考えを抱いていたからでした。

その頃、私は下宿生活をしていましたので、時間を特に意識しながら暮らしていました。当時の私は、人にとって時間は何よりも大切であり、いかなる人も当人の同意を得ないで、他者の時間を奪うことはできない、と考えていました。また、私は、自分が約束したこと、特に約束した時間は、特別な理由のない限り守ること、もし何らかの理由でその約束を守ることができない場合は、少なくともその理由を、相手の人に誠実に説明すること、それが人の「信用」を得る上でとても大切だと思っていました。私は、留学する前からぼんやりとではありましたが、時間に対するこのような考えを抱いていましたが、アメリカ留学の経験によって、その考えはさらに強くなっていったように思われます。

日常の業務に加え、人事担当者にとって私との面接が上司の命令によって降って湧いた余分な仕事だったのかもしれない、そのために約束した時間を45分遅れて部屋に入ってきたのかもしれない、という可能性について考える心の余裕は、面接が終ったその時、私にはまったくありませんでした。あるいは、私はまるで地球が自分を中心に回っているかのように、自分の事しか考えていなかったのかも知れません。いずれにしても、同銀行の中枢部にいる人事担当者が、約束の時間を45分も遅れてきたにもかかわらず私に何の説明もしなかったことが理解できず、むしろ不思議でなりませんでした。

2度目と3度目の面接

2度目の面接の日がやってきました。私は、予告された通りその日に身体検査を受けました。その後、面接のために部屋に通され、そこでしばらく待つように言われました。私は、言われた通り椅子に座って待ちました。驚いたことに、前回の面接のときと同じように、30分が過ぎ、そして45分が過ぎようとしていましたが、人事の担当者は一向に現れませんでした。なぜ人事担当者は姿を現さないのか、その理由は何なのか。私は、その時までに相

当しびれを切らしていました。

　待ち始めてから50分が経過した時、やっと人事担当者が姿を現しました。担当者は、その日の身体検査に言及することも、約束の時間に遅れた理由を説明することもなく、「広大なアメリカ大陸のフロンティア・スピリットは……だそうですが、松田君、あなたはどう思いますか」とか、「アメリカ人は……だと聞いておりますが、君はどう思いますか」と、就職には直接関係がないような質問を私に投げかけたのでした。私は、アメリカについて知っていることを一生懸命に答えましたが、しかし、私の頭と心は別のところにありました。人事担当者は、「今日の面接はこれくらいにして、次は○○曜日の××時にもう一度ここへ来てください。銀行員としての心得と、入社に必要な書類と手続きを説明しますから」と、言って部屋を出られました。2度目の面接も、1度目と同じように、短い時間でごく簡単に終わりました。

　数日後、私は、3度目の面接を受けるために、指定された日と時間に銀行へ出かけました。信じ難いことですが、前回と前々回の面接の時と同じように、私は再び50分待たされることになりました。人事担当者は、今回も50分も遅れた理由にまったく触れることなく、4月に予定されている入行の心得、入行の際に必要な印鑑、戸籍謄本などの書類、それに背広を用意するための支度金、その支度金を私に送金するために必要な銀行口座を開く手続きなどについて、一方的に説明し始めたのでした。

　人事担当者が部屋に入ってきた頃には、すでに私の心は定まりつつありました。心は、この度の就職の話を断る方向に大きく傾いていったのでした。事務的な手続きの説明がひと通り終わった後、担当者は、「松田君、行員になれば、今の下宿から行員寮に移ってもらうことになりますよ。いいですね。そして、松田君は英語力が優れているので、週末には寮に住む同僚に英会話を教えてもらえればありがたいのですがね。よろしく」と、まるで私がその

条件をありがたく受け入れるかのように、上からの目線で私に話したのでした。私は、銀行側の身勝手さに唖然とし、ただ担当者の説明を黙って聞いておりました。

　そして、ついに人事担当者の口から出た次の言葉が、私に「辞退」の決断をさせることになりました。「松田君、これからは内容の固い本ばかり読むのではなく、『平凡パンチ』のような内容の柔らかい週刊誌を読むように！」ということでした。それは、私への、世にいう「親心」から発せられた忠告であったかもしれません。しかし、皮肉なことに、この言葉が真逆の結果をもたらすことになったのでした。といいますのは、「英語力を使って人に何を伝えるか、その伝える中身についてもっと体系的にしっかりと勉強し直す」というウィスコンシン大学を離れる時に決意したこととまったく逆の方向を指していたからです。

　すでに私の頭の中では、この「ありがたい」話を辞退するための理由や言い訳が浮かんでは消え、消えてはまた浮び、堂々巡りをしているようでした。前述したように、拘束するものが比較的少ない自由な生活と自由時間の尊さを重く感じていた私は、3回におよぶ面接の機会が、銀行側の特別な配慮からであったにせよ、長い時間狭い部屋で待たされた上に、約束の時間に遅れた理由について何の説明もなされなかったことに対して、あたかも自分が人並みの心遣いを受けるに値しない虫けらのように扱われたもの、と憤慨していました。

私の決断とその後の展開

　そこで、ついに私は人事担当者に思いのたけを言ってしまったのでした。「私は、3月に卒業予定の1人の学生です。よきご縁をいただき、この春から新卒の1行員としてこの銀行に勤めさせていただく予定です。正式に採用された暁には、私はこの銀行に誇りを抱きながら一生懸命働き、銀行の

ために貢献したいと思っております」と述べたうえで、「ところで、その私は、銀行に勤務する1行員としての顔と、明日から銀行口座を開き、この銀行と取引を始める1人の顧客としての顔を同時に持ち合わせています。そこで質問をさせてください。人事担当者のあなたは、本日を含む3回の面接で、2つの顔を持った私に対してなさったのと同じような対応と態度を、一般の顧客に対してもなさるのですか。いや、一般の顧客は別だ、とおっしゃるのであれば、それは世間でいう『2重基準』と言うものではないですか。もしそうであるならば、私は、心から尊敬できない職場で働くことはできせんし、また働きたいとも思いません」と、私の心の奥底にたまっていた思いを、ぶちまけたのでした。「したがいまして、この度の就職の話はなかったことにしていただければ幸いです」と、言い残して本店を後にしたのでした。

　人事担当者を前にして、「お断りします」と威勢よく啖呵を切ったのは、「就職の道を選ばない」という私の固い決意を表したものでしたが、しかし、自宅へ帰る道中では、「私の取った言動は本当にそれでよかったのか」、「後悔はないのか」と、私の心は依然として揺れ動いていました。なぜ私はあんな言い方で「辞退」宣言をしてしまったのか。「ルビコン川を渡る（賽は投げられた）」の諺があるように、もう1歩も後に引けないことを人事担当者に宣言することで、自分の今の決意は本物であることを、自分自身に言い聞かせたかったのかも知れません。

　翌日、大学に行き、銀行本店での3回におよぶ面接と、そこでの私の言動、それに私の決断について、主任教授に報告しました。しかし、もうすでに同銀行から電話報告がなされていたのか、主任教授は私の報告内容をすでに一部始終ご存知でした。主任教授は、「松田君、先に私に相談してくれたらよかったのに」と言って、大変残念がられ、困惑もされていましたが、しかし、本案件は、これからの私の人生に関わること、そして私の下した結論でもあ

るところから、結局主任教授は、「致し方のないこと」として本案件に対処してくださいました。

　これで企業へ就職する私の選択肢は消え去ってしまいました。帰国後の私は、留学前とはかなり違う人間になっていると思っていました。留学で身についた新しい生き方や生活スタイルを守っていくには、変化をよしとしない日本の慣習や旧制度と時には対峙していかざるを得ないかもしれないとうすうす感じていました。

　帰国時の身体全体にみなぎっていたやる気や高揚感を、いかにして帰国後も維持していくか、その高揚感をいかにして学問への情熱へと繋げ、体系的に勉強し直すか、また、しっかりと地に足を付けた自分であり続けるには、これからどのような人生設計をなすべきか、学問の道と親孝行を両立させることは可能か、これらの問いの答えを探しながら、これまで私を支えてくれた両親との関係を再調整し、その落としどころを見つけたいと思っていました。

　この度の就職の話が消えたことで、身についた新しい生き方や生活スタイルをこれから日本で守りつつ、大学院へ進み、1歩1歩「学問の道」を歩む選択肢しかないと、痛感したのでした。もし大学院へ進むことができれば、私はそこで体系的にしっかりと勉強し直すことができるだけでなく、自由を拘束されることの少ない生活スタイルを守り、維持していけそうな気がしたのでした。

　大学院への進学を真剣に考えるようになったもう一つの理由は、ウィスコンシン大学での留学を通して、自分の知識不足と、自分には問題意識が希薄であるということをいやというほど思い知らされたことにありました。と言いますのは、学部生時代の私は、英語のコミュニケーション能力を高めたい一心で、英語学習に全力投球しておりました。そのために、私の英語以外の

知識は十分でない、このままではいけないことに気づかされたからでした。そして、もっと体系的にしっかりと学問をし直す必要性を痛感しながら、日本へ帰国したことは、すでに述べたとおりです。私は、この自己発見が私のアメリカ留学の最大の成果だと思っております。

　大学院生が大学院進学の理由を尋ねられた時、「此れこれの真理を追究するため」とか、「世界の労働者の解放のため」とか、「世界平和に貢献するため」といった高邁な理想や大義を挙げることが多いのですが、しかし、私の場合は必ずしもそうではなく、私の大学院進学の理由は、自分の生活に根差した極めて自分中心的なものでしたし、また学問に対しても漠然とただ広く学びたいという低次元なものだったのではないか、と思っております。

　何はともあれ、私は「学問の道を歩む」決意をしました。私は、それがどんなに厳しい「いばらの道」であろうとも、そして、前途にどのようなハードルがたちはだかっていようとも、何がなんでもやり抜くという決意を固めたのでした。

　冒頭で述べたように、私は、時おり友人から「あなたのエネルギー源は何ですか」とか、「あなたのエネルギーはどこから湧いてくるの」と、尋ねられることがありますが、その答えの1つは、他人に左右されるのではなく、自分が納得でき、満足できる自分の生活を作り上げる、すなわち自分の人生は自分の意思と決断とで築き上げていきたい、そのためにはどのような努力も惜しまないという、ある意味で、自分中心的な生活を常に追い求めているからではないか、と思うのです。

残された選択肢と過去のしがらみとの葛藤

　私が大学生だった頃、卒業して企業に就職することは、生活の安定をもたらし、育ててくれた両親を1日も早く安心させるという点で、目に見える形の親孝行だと考える人が大半でした。親から人1倍可愛がられて育った私も、

そのひとりでした。しかしながら、企業に就職する可能性が消え去った今、大学を卒業し、大学院へ進学することが唯一の道となりました。自由が制約されることの少ない生活スタイルを維持しながら「学問の道」を歩み、親孝行もしっかりしていくにはどうすればよいのか、という問いに対する答えを考え、見つけださねばなりませんでした。少し大げさな言い方ですが、羽を大きく広げ大空に飛び立とうとする若者と、その前に立ちふさがる伝統や旧い家族制度のしがらみとの間の葛藤、すなわち過去のしがらみとの葛藤ということになるかと思います。

　学生の中には、就職以外の人生の道を選びたいと心の中では思っていても、家庭の事情などを考えるとそれが許されず、自分の理想とする人生設計をあきらめて、就職の道を選ばざるを得ない人も少なからずいると思います。私の周りにもそのような学生が幾人かいました。一方、親の気持ちに反してまで自分の意思を貫き、自らの信じる「就職しない」道を選ぶ人も、その数は少ないにせよ、いなかったわけではありません。私の場合、就職と親孝行の問題に関して、就職の道イコール親孝行、就職しない道イコール親不孝といった2項対立、それに2者択一的に捉えるのではなく、私は、「学問の道」と「親孝行」を両立させることはできないか、それができるとすればどのような方法が考えられるのかを常に考えていたように思います。

学問と親孝行の両立をめざして

　私が「親孝行」をしつつ、学問の道を選んだ背景には、私の出生と育ちが影響していると思われます。私は、終戦の年の1945年7月に、6人家族4人兄姉の末っ子として生まれました。私の父は、1軒1軒注文を聴きながら海鮮魚類を売る零細行商人でした。私の家族には、高等教育を受けた者はいませんでした。

　物心がつき始めた頃から、私は「貧しい」家庭に生まれてきたなと思うよ

うになりました。私の家庭が「貧しい」という意味は、他の人の世話にならなければ生活ができないほど「困窮した」状態を意味しているのではなく、周りの家や友達の家と比べて、「豊かでない」という意味においてであります。ちなみに私の家庭を、今日の日本の社会的序列で言えば、中流の下位層に属するのではないかと思います。

　私の家庭が困窮状態といわれるほど貧しくなかったのは、父親が健康な身体に恵まれ、「働き者」だったからでした。父は、1日も仕事を休むことなく毎日こつこつと働いたのに加え、魚を商う本業が終わった後、暇を見つけては小さな菜園で自給自足用に野菜を栽培するほどの「働き者」でした。そのようなわけで、私には、家族がひもじい思いをしたり、その日の食べ物に不自由を感じたりしたという記憶はありませんでした。

　私がひもじい思いをしなかったもう1つの理由は、私が末っ子で、幼少のころから家族の中で「特別扱い」され、甘やかされて育てられたからだと思います。

　母親は、周囲の人には「溺愛」とも映るほど、私を可愛がり、私の兄姉よりも優先的に食べ物やおもちゃを宛がうのが常でした。たとえば、私が風邪で体調を崩した時などは、母は、注射をされるのが怖くてお医者さんに診てもらうのを嫌がっている私に、「お医者さんに診てもらえば、そのご褒美に好きなものを買ってあげる」と言って、私を無理やりに診療所へ連れていったものでした。

　約束通り、その帰り道に模型・文具店に立ち寄り、母親から模型飛行機や、赤あん・白あんのいっぱい入ったおいしい姫路の名菓の「御座候（ござそうろう）」などをよく買ってもらったことを、今もなつかしく覚えています。そのようなわけで、私は、何1つ不自由を感じることなく大きく育てられたと思っています。しかし、私を特別扱いする母親のこの育て方により、時おり「自分は人とは違う、別格なのだ。そう扱われて当然」といった、エリー

ト意識に近い傲慢さが私の心の奥に植え付けられることになったのではない
か、と思うことがあります。

　さらに、私の母は、1950年代初め、教育ママの「走り」と言われるほど、
非常に教育熱心な親でした。母は、遊び盛りの小学1年生か2年生の私をつ
かまえ、ほとんど毎日強制的に勉強させるのが常でした。そして、私は、勉
強塾から習字教室、そろばん教室、絵画教室、それに柔道教室など、さまざ
まな塾や教室に通わさせられたのでした。そのために、私には小学校の友達
と遊ぶ時間などほとんどありませんでした。普段はやさしい母親ではありま
したが、塾や教室に行く時間が近づいてくると、顔がまるで夏祭りの屋台店
に並べられている「鬼のお面」のような怖い顔に変わるのでした。それだけ
でなく、声も隣に聞こえるほど甲高くなり、幼い私は恐怖心から仕方なく、
しぶしぶ塾に通ったのでした。そのパターンがほぼ毎日繰り返されましたの
で、遊び盛りで「親の心子知らず」の私は、いかにすれば塾や教室に行かな
くて済むか、いかにして母親に知れずにサボるか、を考えていました。

　ここであるエピソードを紹介しますと、いつものように勉強塾へ通うある
日の午後のことでした。私は、勉強塾や習字教室へ行くのにある散髪屋さん
の前を通っていたのですが、その日は散髪屋さんの店の中はもちろんのこと、
外まで人であふれていました。好奇心が旺盛だった私は、何だろうとその中
を覗き込みますと、店の中にその当時は大変珍しかった白黒のテレビが備え
られており、たくさんの子供や大人がテレビの前でNHKの「大相撲」番組や、
「ジェスチャー」それに「私の秘密」といった娯楽番組に釘付けになってい
たのでした。私も「ちょっとだけ」の気持ちでテレビを見はじめたのですが、
結局ずるずるとテレビの前から離れられず、その日は「無断で」塾を休んで
しまいました。何くわぬ顔で家に戻りましたが、もちろん母親にサボったこ
となど言えませんでした。後日、塾の先生や親に黙ってサボったことがばれ
てしまい、母親から「タケシ！塾をずる休みしたらあかんで。今度したら承

知しないからね！」と大目玉を食い、こっぴどく叱られたのです。塾をサボるとこんなにも叱られる。これでは割に合わないということを、いやというほど思い知らされた出来事でした。その当時、それは私にとって大事件だったのですが、今では懐かしい思い出の1つとなっています。

　一方、父は、灘の海に面した小さな妻鹿の漁師町で、早朝から捕れた魚を遠く離れた姫路の市中まで運んで行って売りさばく行商の仕事に関わっていまして、妻鹿の町では「まじめでよく働く人」として通っていました。最近、特に父の生真面目さと仕事熱心さを、私は受け継いでいるのだなと、実感することが多くなってきています。

　それはさておき、その父が仕事熱心な人であったにせよ、私の教育のために毎月支払う月謝が家の収入のかなりの部分を占めていることは、末っ子の私でもわかっていました。なぜそんなにまでして私を教育するために先行投資したのか、私にはわかりませんでしたが、今思い巡らしてみますと、1つには、私の親族に高等教育を受けた者がいなかったこと、2つには、自分の家族の中から高等教育を受けた子供を1人でも育てあげたい強い気持ちが働いたこと、それに、3つには、これから日本社会を生き延びていくには教育が必要不可欠であるとの読みがあったのではないかと思われます。いずれにしても、私は、自由が制約されることの少ない生活スタイルを維持しつつ、小さいころから特別に世話になった親に対して、何らかの形で親孝行をせねばならないと思っていました。

「親孝行」の再定義

　就職をせず、大学院をめざす私にとってのせめてもの親孝行は、1つには、両親を喜ばせること、2つには、両親に心配をかけないことだと思いました。また、大学を卒業した以上、親から独立し自立することが最低条件であると

思ったのです。その上で、自分の目標のために、どのような生活スタイルを
とっていくかも真剣に考えました。

　定職を持たない私が自立するということは、親への仕送りができないこと
はもちろんのこと、自分自身の生活費をアルバイトで賄わざるを得ませんで
した。けれども私は、自分の時間を安売りしないように心がけ、アルバイ
トも短時間で効率よくできるよう心がけました。そして、1日の24時間を、
アルバイトのための時間、睡眠など生活するのにどうしても必要な時間、そ
れに勉強のための時間と、できる限り細かく合理的かつ現実的に割り振りし、
時間を無駄にしないように心がけました。そして、物質面で両親を喜ばせる
ことが難しいことから、その代わりに精神面で孝行できるように心がけまし
た。

　私は、まずは大学院へ進学すること、次に、フルブライト奨学金制度の試
験に合格し、アメリカの大学院へ留学すること、そして英語の運用能力と専
門領域のアメリカ史研究の、いわゆる2刀流を目指すことなどを当面の目標
に掲げ、日々勉学に励みました。そして、努力の成果として、よい知らせを
定期的に持ち帰り、両親に喜んでもらえるように心がけました。また、常に
健康を保持するために、毎朝の散歩を含む軽い体操などの健康管理と規則正
しい日常生活を送ることも心がけたのでした。

　身勝手な私の生き方を何も言わずに受け入れてくれた両親への感謝の気持
ち、それに企業に就職しなかったために親に十分な仕送りができなかったこ
とへの申し訳ない気持ち、これらの思いがかえって私を奮い立たせ、上に掲
げた3つの目標に向かってひたすら勉学に励もうと意を決したのでした。そ
れ以来、「上を目指して、頑張ること」が、私を励まし、私の背中を押す言
葉となりました。それを英語で表せば "Excel! Keep going. Good is never

enough." となるかと思います。

　すでに述べましたように、私は友人から時おり「あなたのエネルギー源は何ですか」、「あなたのエネルギーはどこから湧いてくるの」と、尋ねられることがあります。その問いへのもう１つの答えが、上の言葉に表されていると思いますし、それが私の人生に対する姿勢であると思われます。それは、知的好奇心、向上心、競争心、自己実現欲に動かされて、"the Best and the Brightest" をめざして、あたかもギリシア神話のヒーローのように猛進することが私の人生観を形成していたと思います。

　そして、その生き方が、今自分の置かれている環境において周囲を大きく巻き込みながら、グローバル市民教育の必要性とコミュニティ・エンゲージメントの提唱という形になって、繋がっているのだと思います。グローバル社会における外国語大学の質の向上と新しい役割を考える時、心の底から大きなエネルギーが湧き上がってくるのをひしひしと感じるのです。それにつきましては、近い将来に私の自伝の後半で徐々に明らかにしていきたいと思います。

挫折の日々と京都アメリカ研究夏期セミナーとの出会い

　大学院への進学の道を決意した私は、ウィスコンシン大学で学んだアメリカ史を日本でも続けて研究しようと思っていました。そこで、1970 年 3 月に京都大学の大学院入学試験に挑戦しましたが、合格には至りませんでした。

　しかし、私は、その苦い経験から大切なことを学んだような気がしました。1つには、目標を立ててただひたすらに日々勉学に励んでもストレートに結果に結びつくとは限らないこと、2つには、学問の世界においても、人間関係と人的ネットワークを築くことが重要であること、それに3つには、自分の足で情報を集めることがいかに大切であるかということでした。言い換えれば、私は、失敗の原因が、私の社会科学、特に歴史学の知識が日本の大学

院が求めるレベルにまで十分に達していなかったこと、また、ウィスコン
シン大学での留学が学部のレベルであったにもかかわらず、そこでアメリカ史
を学んだことに慢心していたこと、加えて、情報入手の努力不足、すなわち
受験する前に日本の大学院に関する情報を十分に入手していなかったことな
ど、にあることを思い知らされたのでした。

　大学院進学の夢が叶わなかったことで、私は自分が浅学だということを思
い知らされたのでした。そして、これから学問の道を歩んでいくには、さし
あたってまず日本の大学院についてもっと情報収集を行い、そして人的ネッ
トワーク作りをすることから始めることが一番重要なのではないかと思った
のです。
　そして、アメリカ史の先生方、先輩ならびに同輩から、日本のアメリカ学
会やアメリカ研究の現状に関する情報やアメリカ史の研究方法について教え
を乞うこと、それに、図書館や勉強部屋にこもらずに、できる限り外へ出て
情報や指導を受ける機会を作っていくことが大事であると考えたのでした。

　それからしばらく時が経った 1970 年の初夏の頃、京都大学のアメリカ史
の教授から、京都アメリカ研究夏期セミナー（以下、京都セミナーと略記）
の通訳をしないかという話が、私のところに突然舞い込んできたのでした。
その内容は、7 月中旬から月末にかけて 2 週間、すなわち祇園祭から大文字
の送り火頃までの夏の暑い盛りに、京都セミナーの「通訳の仕事をするよう
に」ということでした。

　ところで、京都セミナーは、1951 年に京都大学と同志社大学が協力し、
ロックフェラー財団からの援助の下に 5 名のアメリカ人講師を招いて開かれ
たのが最初でした。セミナーが京都で開かれたのは、東京だけでなく、西日
本の学問と文化の中心地である京都においてもセミナーを開きたいと、関西

地区のアメリカ研究者の間から強い要望が生じたからでした。

　京都セミナーの目的は、アメリカを複数のディシプリン（学問領域）の観点から学際的に研究し、理解することにありました。第1回目のセミナーでは、政治、経済、哲学、歴史、文学の5部門の講義が提供され、参加者は関西地区からの教授クラスを中心に計106名が受講しました。京都セミナーは、アメリカの専門家から直接講義を受ける機会のほとんどない一般のアメリカ研究者に、公開講座の方式でセミナーに参加する機会を提供したのでした。同セミナーは、1951年に第1回セミナーが開かれて以来、1953年を除き毎年夏に開かれました。また、1952年の第2回目からは、大学院生も受講者になれたことから、京都セミナーは、大学で十分に果たしえなかった若い研究者を育成するという、「ある種のインキュベーター（保育器）」の役割を果たすことになったのです。私が京都セミナーに初めて参加したのが1969年の第18回セミナーで、また、歴史部門の通訳として初めて参加したのが翌年の第19回セミナーでした。

1970年度第19回京都アメリカ研究夏期セミナー開会式

通訳の話を頂いた頃の私は、職も所属する組織も持たない、いわゆる「浪人」の身でありましたし、アメリカ史の知識量にも不安を抱いていましたが、とにかく引き受けることにしました。と言いますのは、今回の話を持ってこられた方は、関西地区のアメリカ史の権威でしたので、この通訳の仕事をしていく中で、その方をはじめ京都セミナーに関わっておられる先学の方々から、アメリカ研究の事やアメリカ史の学び方などを直に学べる機会があるのではないかと思ったからでした。

京都セミナーの通訳を務めたことが縁となり、私は、翌年の1971年、72年、73年と3年連続して通訳としてセミナーに参加することになりました。20周年に当たる1971年の京都セミナーでは、同セミナーに有益な助言と支援を続けてこられたウィスコンシン大学のメリル・ジェンセン教授が講師として招かれることになり、3年ぶりに私は同教授と再会を果たすことができました。ジェンセン教授は、アメリカ独立革命と建国期の権威であるだけでなく、私が交換留学生としてウィスコンシン大学に留学した際に、同大学を卒業できるよう尽力してくださった恩人でもありました。

このように偶然と幸運が重なり、私は1流のアメリカの専門家と第1線で活躍する日本のアメリカ研究者から直接アメリカ研究について情報や教えを受ける貴重な機会に恵まれることになりました。そればかりか、私は、京都セミナーへの参加がきっかけとなり、関西アメリカ史研究会にも参加できるようになりました。同研究会は、京都大学の今津晃教授を中心とする関西地区の研究者が年に4～5回定期的に会合を開いて、アメリカ史を研究する同好会的な組織でありました。私の当面の目標であり、また願いでもあった日本の大学院についての情報収集と人的ネットワーク作りが、1971年から72年にかけて少しずつ軌道に乗ってきたと感じられるようになりました。そこで、私は、浪人中ではありましたが71年秋に結婚し、翌年に大学院とフルブライト給費留学の2つの試験に挑戦することにしたのでした。

1969 年から 73 年までの世界の主な出来事

　1969 年から 73 年までの時期は、第 2 次世界大戦後に構築された国際秩序が構造的に変容しつつあることを強く印象づける歴史的事件が起きた激動の 4 年間でした。この間に指導者の交代も見られました。アメリカでは 1969 年に大統領がリンドン・ジョンソン（民主党）からリチャード・ニクソン（共和党）に代わりましたし、日本でも 72 年 7 月に佐藤栄作内閣から田中角栄内閣に代わりました。

　1969 年から 73 年までの間で特筆に値する出来事として、アメリカと中国の接近を挙げることができるでしょう。1971 年 7 月のキッシンジャー大統領補佐官および 72 年 2 月のニクソン大統領の訪中がそれに当たります。米中の接近が誘因となってヴェトナム和平交渉が実り、73 年 1 月にはヴェトナム和平協定が調印されました。その結果、アメリカ軍のヴェトナムからの撤退が実現したのでした。ヴェトナム和平をもたらした直接の要因としてヴェトナム戦争と反戦運動などのアメリカ国民の異議申し立て運動が挙げられますが、しかし長期的な趨勢としては、長期化したヴェトナム戦争による国力の疲弊と覇権国アメリカの相対的な衰退を指摘することができると思います。

　さらに、大学紛争がありました。1968 年 5 月のパリ・ソルボンヌ大学の学生デモに端を発した大学紛争は、またたく間にヨーロッパの各地、および日本へと広がり、69 年にはピークに達しました。日本ではこの年に紛争状態にある大学は、全国で 124 校を数えました。大学紛争の深刻さを示す出来事といえば、69 年 1 月に機動隊が東大安田講堂の封鎖解除のために出動したこと、それが引き金となって、69 年度の東大入学試験が中止となったことを挙げることができるでしょう。

隣国のアメリカにおいても、大学を取り巻く事態は同様でした。マサチューセッツ大学、ペンシルベニア大学、シカゴ大学、コーネル大学、それにハーバード大学やコロンビア大学などで、教育内容や学生の待遇などを巡り、紛争が相次いで起こりました。その大学紛争に油を注ぐことになったのは、1970年5月4日に起きたオハイオ州のケント州立大学の学生射殺事件でした。それは、アメリカ軍のカンボジア侵攻に抗議してデモ中だったケント大学の学生4人が州兵に射殺されるという痛ましい事件でした。この事件をきっかけに、反対運動はアメリカ各地でさらに高まったのでした。

そこで、高まる反戦運動を抑えるとともに、南ベトナムのソンミ村虐殺事件の報道によって国民の間に拡がった厭戦感情を鎮めるために、ニクソン大統領は、アメリカ軍のヴェトナムからの撤収とニクソン・ドクトリン、それにドル防衛策を矢継ぎ早に発表したのでした。その目的は、（1）過剰な海外への介入を控えること、（2）金とドルの交換の1時停止および10パーセントの輸入課徴金を課すことによって、ドルを防衛すること、（3）第2次大戦以来、覇権国アメリカが維持してきた国際的地位の揺らぎを食い止めることにありました。

ところが、1972年6月17日に、後にニクソン大統領の命取りとなるウォーターゲート事件が発覚したのでした。ウォーターゲート事件とは、72年の大統領選挙運動のさなか、大統領再選委員会の関係者が首都ワシントンにあるウォーターゲート・ビルの6階にある民主党全国委員会本部に忍び込み盗聴をしようとしたが未遂に終わった事件で、その実行を指示したニクソン大統領とそのスタッフに対して向けられた非難を総称してウォーターゲート事件と呼ばれています。この事件は、ニクソンを辞任に追い込んだだけでなく、アメリカ国民に深刻な衝撃を与え、政治的挫折感や無力感を生み出すとともに、アメリカのあらゆる政府機関に対する信頼を大いに傷つけることに

なりました。

　しかし、この時期の出来事は必ずしも人の心を曇らせるものばかりではありませんでした。中には私たちに元気を取り戻させてくれる出来事もいくつかありました。その1つに、1969年7月に、3名のアメリカ人宇宙飛行士を乗せた宇宙船アポロ11号が人類史上初めて月面着陸に成功するニュースがあります。また、翌年の70年には「人類の進歩と調和」のテーマを掲げ、日本万国博覧会（EXPO70）を大阪で開催しました。日本は、大阪万博を通して高度な産業技術をはじめ、総計6421万人余りの入場者数を記録するなどして、世界に日本の国力を誇示しました。さらに71年6月、日本政府はアメリカ政府と沖縄返還協定を結び、そして、翌年の5月には長年の夢であった沖縄県の本土復帰を実現しました。加えて、72年9月、日本政府は中国と国交樹立を果たしました。

　そのような一連の明るいニュースが報道される中で、私の身辺にも春の訪れにも似た出来事が起きてきました。それは、72年4月に大学院入学の夢が叶ったこと、そして、同年12月にはフルブライト奨学金制度の大学院留学プログラム試験に合格したことでした。その結果、73年9月からウィスコンシン大学の大学院へ再び留学できることになったのでした。

解説編　由井 紀久子（日本語教育学）

　本書の「第1章　英語との出会い」では、著者の幼少期から青年期に至る間の英語学習にまつわるライフ・ストーリーが、英語への熱い思いも織り交ぜて語られています。英語学習に目覚め、アメリカへの留学のチャンスを手にするまでの間に英語学習を工夫して行った様子が伝わってきます。そして「第2章　あなたの夢を後押しする―ブルドーザー式英語学習法」では、〝ブルドーザー式英語学習法〟と称する体系的な英語の勉強の方法が、計画的に自分を律しながら英語を学習した時の人間形成への効果なども含めて述べられています。スポーツや楽器、ダンスなどの練習に打ち込むことで青春を謳歌する人はたくさんいますが、著者は語学に打ち込むことで青春を謳歌したようです。スポーツへの熱心な取り組みが精神の鍛練や生活習慣に大きなよい影響を与えることはよく知られていますが、語学も同じような力を持っていることがよく分かります。さらに「第3章　アメリカ留学―ウィスコンシン大学 学部留学」では、アメリカ留学を果たした後、日本で自律的に学んだ英語を実際に使って留学生活を送った時の様子、さらには時代の目撃者としての語りも書かれています。外国語上達法に関する書籍はこれまでも、言語研究者の自己体験や語学教育者の教授経験などいろいろ出版されています。本書の英語学習法は、学習者自らが編み出した短期間に深い教養も併せて身につける方法で、あまり類を見ない独特で体系性を重視するものです。

　この解説編では、読者の皆様の外国語学習のヒントになるよう、また、語学教育に携わる方々が研究のきっかけを得られるよう第二言語習得論の立場から、主として「第2章」に記されている著者の〝ブルドーザー式英語学習法〟の解説をしていきます。読者の中には、自分と著者とは性格が違うんじゃないかな、とか、自分はあそこまで一生懸命に勉強できるかな、などの心配があるかもしれませんが、ここでは、人による違い、すなわち個人差に関する研究にも触れながら説明していきたいと思います。

　外国語を上達させるには、上手になった人の勉強のしかたを真似する、あ

るいは、それらをヒントに自分で工夫してみるといったことが成功につながります。1970年代の中ごろ、「外国語学習に成功した人たち（good language learners や successful language learners）」を対象とした研究が外国語教育学、特に、第二言語習得論の分野で盛んになってきました。個人差に関する研究として年齢や性別、性格などの観点のものもありますが、外国語学習においてはなぜ成功する人とうまくいかない人がいるのかという観点から、特に、言語適性（language aptitude）、動機づけ（motivation）、学習スタイル（learning style）、言語学習ストラテジー（language learning strategies）の研究が発展しました。外国語学習に成功した人たちの学び方や考え方に焦点を当てることにより、こうすれば外国語が上手くなるという勉強のしかたや工夫が次第に明らかになってきたのです。

　本書は外国語学習に成功した著者が考え出した英語学習法が語られていて、勉強のしかたのポイントがちりばめられています。英語学習成功者が行ってきたことを本気で実践してみると、自分は英語が不得意と思っている人でも英語が得意な人に変わっていくはずです。英語学習成功者である著者が述べている内容に基づいて、効果的な外国語の勉強のしかたを見ていきましょう。

● 英語との出会い

　「第1章　英語との出会い」にアメリカ人との草の根交流の話がありました。高校生の著者はアメリカ人技師デービス夫妻と出会い、積極的に交流をし、生の英語を話す機会を得ました。しかし、すぐに自由に話せるようになったというわけではなく、何度も聞き返しをしなければならないという苦い思いを経験しました。そこで、英語を聴く力を身につけようと、「打開策としてのFEN（在日米軍向け放送）」を聴き続けるという方策を考えだし、実行しました。その際用いた勉強方法は、分からない単語をカタカナで書きとって、綴りを推測し、辞書で確認することでした。これを詳しく見てみましょう。

著者が高校生だった当時、生の英語の音声は現在のようにネット上に溢れていることはなく、日本に住んだり滞在したりする外国人もわずかだったと思います。限られた状況の中で、生の英語のインプット量を確保するために、ＦＥＮを聴き続けたわけです。ここでは、単に聞き流したのではないということに留意する必要があります。「音の認識」「音と綴りの対応関係」「意味の推測」という３つの英語学習のポイントに注目し、以下解説をしたいと思います。

　はじめに音の認識についてですが、外国語を聞く際、母語である日本語の音体系の干渉を受けることが多く、うまく聞き取れない（認識できない）という問題がよく起こります。一つひとつの音の問題もありますが、それだけでなく、単語も一語一語分けて発音されるわけではないため、音と単語が頭の中でうまく結びつかないのです。こういう状況で、著者は聞き取れなくても辛抱強く規則的にＦＥＮを聴き、耳に入ってくる通りの音をカタカナでノートに書き留めて綴りを推測し、辞書で確認しています。

　成功した外国語学習者の研究の一つに言語適性（language aptitude）があることを先に述べました。言語適性は言語学習に特有で、一般的な知力とは別であると考えられているものです。外国語を学んでいる人が未知の言語音を聞いた時、それがどのような音声的特徴を持った音であるのか認識し記憶できる能力は、言語適性の一つの要素として重要視されてきました。著者のようにはじめは聞き取れなくても、続けていくうちに音の認識力が高まることが分かります。聞き流すのではなく、仮説を立てて聴くという能動的態度が大切です。

　次に、音と綴りの対応関係についてです。英語は単語の音と綴りが一対一できれいに対応していない言語ですので、綴りを推測して辞書で確認するのは、単語をどう表記するかという文字レベルでの確認作業ともなります。

　さらに、分からない単語を意味の面から推測する力も大事であることが分かります。研究では、こういう意味だろうと仮説を立てる際、前後の文脈が

効果的に働くとしています。前後の文脈からこういう意味の単語だろうと推測する練習を重ねることをお勧めします。辞書で確認し、その意味が当たっていたら大いに喜ぶべきですし、違っていたら、推測する際、どこで間違ったのかを冷静に分析してみるのがいいでしょう。他のところでも述べますが、喜ぶことで自分自身を奮い立たせ、学びを強化することができます。さらに言えば、言語処理には音声言語と文字言語の回路がありますので、英語の音に集中する時と文字に集中する時の両方を意識して、それぞれの言語回路が活性化するように学習するとなお効果的です。

　現代社会においてはネット上に生の英語の音があふれていますので、さまざまな英語の音源が使えると思います。読者の皆さんは自分にとって良いと思える音源を使って英語を聞く練習を重ねてみてください。その際、著者のように「音」を何としても聞き分けるという態度、「意味」を考えながら聴くという態度、分からない部分をしっかりと確認して意味も綴りも明らかにする態度が大切となります。

　続いて、「英語との出会い」の中に書かれている英語学習に関する４つのエピソードと大学生時代の学習法について見ていきましょう。

エピソード①（「これは英語で何と言いますか」）

　このエピソードでは、英単語というものは、「日本人がいくら頭をこね回し考えてもつくりだすことはできない」という英語学習の基本が述べられるとともに、英語の語彙を増やすことの重要性も力説されています。エピソードとして、デービス夫妻のお宅で部屋にあるものを指して、「これは英語で何と言いますか。（What do you say this thing in English?）」と積極的に質問をして、一つひとつ新しい単語を覚えようとしていた話が紹介されています。ここでは会話を続けるためにされた質問なのですが、それぞれの会話は単語学習の機会ともなっています。

外国語を学ぶ際、学習のタイプとして、「項目基盤学習（item-based learning)」と「規則基盤学習（rule-based learning)」という区別をすることがあります[1]。文法は、規則（例えば名詞の複数形の作り方や語順）を覚えたうえでそれをいろいろな動詞に適応させることによって英語が上達していくので規則を基盤とした学習に該当しますが、このエピソードで紹介されている単語の学習の場合は、単語（語彙項目）を一つひとつ覚えることによって力が付いていく項目基盤学習になります。単語を覚える際は、そのことを念頭に置いて、理屈抜きに一つひとつコツコツと覚えていくという覚悟を決めるといいでしょう。単語の学習については、〝ブルドーザー式英語学習法〟でさらに詳しく述べられています。

エピソード②（実力テスト）

　学校で受けるテストには、到達度テスト（achievement test）と実力テスト（proficiency test）があります。中間試験や期末試験は、その期間に学んだことが十分に理解できよく使えるようになっているかを測るための到達度テストですので、多くの場合、習った語彙や表現だけが使われています。一方の実力試験は、模擬試験と同様、現在の英語能力が決められたレベル基準のどのあたりにいるかを測るためのテストです。ですから、テストの中で未知の語彙や表現にも遭遇するわけです。「実力」というのは、すでに持っている言語の知識をどれだけうまく適用したり応用したりすることができるかという能力でもあります。

　著者は中学生だった時の初めての実力テストでその意義を見出し、学校で習った語彙や表現だけでは実力としての英語能力を上げるのには十分ではないことや、授業や教科書の内容とそれに合わせた学びのペースに満足するのではなく、自ら計画を立てて広い範囲を目標としそれに沿

---

1 Skehan, P. (1998). *A Cognitive Approach to Language Learning.* Oxford: Oxford University Press.

ったペースも考えての積極的な勉強こそが英語上達の鍵であることに気づいたわけです。つまり、自律的な学習（autonomous learning）の有効性に早い段階で目覚めたようです。

　自律的に学ぶ、すなわち自分の学習を管理すること、自分の学習に責任を持つことは語学力を向上させる上で非常に大切なのですが、これについてはこの後もさらに述べたいと思います。

エピソード③（むらさき丸船上）

　著者は修学旅行中船上で外国人観光客に気づき、「英会話力を試すチャンス到来、これ幸い！」とその人に勇気を出して話しかけました。第二言語習得論には、このように学習者が教室の内外で外国語でのやり取りをしようとする心の状態を表す「willingness to communicate（WTC）[2]」という用語があります。これは外国語でコミュニケーションをしようとする肯定的な気持ちを指す用語です。話題や話している相手は誰かという要素も関与しますが、個人の性格や外国語の実力、コミュニケーションに対する自信や不安、動機とも関係していると考えられています。

　外国人に話しかけた著者の勇気や大胆な行動の元には、是非とも外国人と話して生の英語を使ってみたいという強い気持ちや自分の語学力はどれぐらい確かなものなのかという興味などの内的な面と、なかなか出会えない大事な機会という外的な状況も後押ししたのでしょう。「チャンス到来！」といった肯定的な感情を持ったり語学力を試そうという思いを強く持ったりすることは、実際に英語でコミュニケーションをするためには大事なことなのです。ＷＴＣは変化していくものですので、英語の実力をつけつつ、内的・外的な面双方を意識して肯定的な感情を高めていくのがいいでしょう。

---

2 MacIntyre, P. (2007). Willingness to communicate in the second language: Understanding the decision to speak as a volitional process. *The Modern Language Journal*, 91, 564-76.
　Loewen, S. and Reinders, H. (2011). *Key Concepts in Second Language Acquisition*. Palgrave Macmillan.

外国語学習の動機づけについて、個人差研究の観点の一つであることを先に述べました。動機づけは従来、統合的動機づけ（integrative motivation）と道具的動機づけ（instrumental motivation）に分類されて[3]論じられてきました。つまり、学んでいる言語が使われている国や地域の文化（目標文化）に親近感を持ち一体化したいといった感情的な要因と、仕事で有利だからとかいい成績を取って奨学金を得たいからといった利益を得ることができる道具として見ている要因に分けていました。最近は分類のしかたも変わってきています。いずれにしても、外国語を学ぶ際には、ポジティブな気持ちや学ぶといいことがあるという思いが学習する気持ちを高めるうえで重要です。その言葉を学ぶのはなぜか、どんないいことや楽しいことがあるのか、ポジティブな想像をできるだけたくさんしましょう。また、語学の成功体験がさらに自分の動機づけを高めることもあると考えられています[4]。むらさき丸で外国人との会話に成功した著者は、さらに英語を学ぶ動機づけを高めたことでしょう。成功体験を重ねることは英語上達には大きく影響しますから、小さくてもいいので成功体験を得られるようにするということを覚えておくといいと思います。

エピソード④（通訳ボランティア活動）

　著者は姫路城の通訳案内ボランティア活動を積極的に行ったり、通っている高校にＥＳＳ同好会を立ち上げたりして、英語を実際に口に出して使う機会を自ら作り出していました。第二言語習得論では、研究者によって立場の違いはありますが、話したり書いたりといったアウトプットの重要性を論じる研究[5]もあります。つまり、アウトプットは学習過程の一部として言語習

---

3 Gardner, R., & Lambert, W.E. (1972). *Attitudes and motivation in second language learning.* Rowley, MA: Newbury House.

4 Dörnyei, Z. (2006). *The psychology of the language learner: Individual differences in second language acquisition.* New York:Routledge.

5 Swain M. (1995). Three functions of output in second language learning. In G. Cook & B. Seidlhofer (Eds.), *Principles and practice in applied linguistics.* Oxford: Oxford University Press.

解説編

得上の大きな役割があるのではないかと考えられているのです。

　話し相手の言葉や表情などでの反応によって、アウトプットした文が文法的に正しかったかなどへの気づきが促進されたり、自分の文法や語彙を検証したりできます。つまり、「*goed* じゃなくて *went* じゃない？」「それは○○って言うのよ」のような明示的な説明言語である「メタトーク（metatalk）」が、アウトプットに対する気づきや検証を促すとも考えられています。相手方の怪訝な表情も同様です。

　実際に英語を口に出して話すことによって、伝えようとしていることが伝わっているかという自己観察をする際、意味がとりあえず通じれば良しとするだけでなく、文法の正確な運用にも意識を向けると、より習得が進む可能性が高まります。著者のように楽しみながらアウトプットをする機会を作っていくとやりがいも感じ、精神的にも言語習得上も実りがあるようです。

大学生時代

　大学のESS活動や英語コンテスト、通訳バイトなどで英語漬けの毎日を送っていた著者は、先輩に大学4年間の英語の授業の全体像を把握しようと質問しています。期待したような答えが返ってこなかったこともあり、他人に頼らず自分独自の英語学習法を編み出しました。これこそが、本書で体系的に述べられている英語学習法です。編み出した背景には、外国語を学ぶには、頭脳が柔軟で弾力的である内に集中的に学ぶのが得策だという信念（belief）の他、語学力の他に学問領域をプラスアルファで身につけるためには英語を早い時期に短期集中で学んでしまうべきだという信念があったことが述べられています。著者はこれを「Early Exposure」というコンセプトで現在の勤務校で説明しています。

　第二言語習得論で *exposure* という専門用語は、学習者が経験するインプットの量・期間・タイプを表す概念です。外国語はインプット無しでは学べません。いいインプットが得られるように大量の英語に触れたり晒されたり

199

するのは大切なことです。「第2章 『英語力は海に浮かぶ氷山の如し』―私の「英語学習」の捉え方」では、著者の編み出した Early Exposure と称される体系的な英語学習法を紹介しています。

ところで、19 ページに「あの有名なアメリカ陸軍の『日本語学習法』」が、出てきます。これは戦時下のアメリカ海軍や陸軍において軍事目的で、短期集中で日本語を学んだその方法のことを指しています。"Army Specialized Training Program（ASTP）"におけるアーミーメソッドとも呼ばれる方法で、外国語に極力多くの接触時間を持つという基本姿勢のもと、「クラスでの教師の説明と研修生の質問は日本語のみで行う」という教授法が採用され、徹底的に繰り返し文型を暗記・反復練習が行われていました。さらに、文型を別の状況で応用する術を身につけたら、複雑な構造のなかに潜んでいる原則を自分で発見したりする練習を重視していました[6]。

後に、刺激と反応を基盤にした、センテンス・パターンと単語の入れ替えの暗記・反復練習が強調された教授法が外国語教育の世界で行われるようになりました。ただ、教師のモデル発話に続いて真似をして発話を繰り返す単純な暗記や一部を入れ替えるなどの機械的なドリル練習だけでは、学習者が文の意味を考えずに発話練習することにもつながり、実際のコミュニケーションではあまり役に立たないと批判されました。ドリル練習の際は、常に文の意味を考えながら、その文を使う文脈・状況を意識する必要性があることが分かります。

このようなこともあって、外国語教育界においてはしばしば「丸暗記」を否定的に捉える議論がなされます。本書でも「丸暗記」という勉強法が登場します。ものごとにはいろいろな側面や段階、背景理念、関係性などがあるので、一刀両断に全否定するのではなく、分析的に見て、いい面、問題のある面を検討していく態度が望まれます。脳内の長期記憶に言語の知識が貯蔵

---

6 パッシン, ハーバート（加瀬英明訳）(1981).『米陸軍日本語学校―日本との出会い』TBS ブリタニカ.

され、使用する際にはその知識が活性化されて瞬時にアクセスできるように
なるのが外国語学習の目的の一つです。本書で勧められているのはこの目的
を実現するための「丸暗記」であることに注意してもらいたいと思います。

　著者のインプットを最重視する外国語学習観は、第二言語習得論における
「用法基盤理論[7]（Usage-based theories）」の考え方に近いようです。第二言
語を習得する場合、インプットの役割は重要であることはどのような理論に
も共通していますが、用法基盤理論においては、インプット主導という考え
方で、その言語に大量にさらされること（exposure）による学びが基本だ
と考えられています。つまり、接する頻度が高ければ高いほど、その単語や
表現は習得されやすいという考え方です。

● ブルドーザー式英語学習法を支える自明の理

　学習者の自律性について、前にも述べました。本書で語られている英語学
習法は、学校で習う勉強の予習や復習ではなく、自分で目標を目指して計画
を立て、自分を管理しながら進める英語の実力（proficiency）を上げるため
の勉強のしかた、自律学習です。

　ここでは「自分の時間」「自分に軸足を」「自分を作り上げていく」など「自
分」がキーワードになっています。自分の人生ですから、周りにアドバイス
を求めることはあっても、最終的に自分が判断して自分で決めていかなけれ
ばなりません。特に自由主義の国に暮らしていると、自分の将来設計は自分
で行う度合いが高くなります。自分がどういう人間で何がしたいのか、何に
向いているのか等、現在の自分の見据え、将来の自分について考えていくこ
とになります。そしてそれを実現するためには何をすればいいのかを計画し
て実行しなければいけません。そのためには、将来に向けて自分自身をプロ

---

7 Barlow, M. & Kemmer, S. (2000). Usage-based models of language. Stanford, CA: Center for the Study
　of Language and Information.

デュースしたり、マネージしたりする力が必要になります。自分自身のプロデューサーやマネージャーとなるには何に気をつければいいのかは、ここに書かれている自明の理が大いに役立つので参考にしてください。

● 体系的な学習

「体系的な学習」1つ目の「英語力は氷山のごとし」では、英語の捉え方が述べられています。著者は、英語の学習は「読むこと」「書くこと」「聴くこと」「話すこと」「文法」「語彙」「コンピュータでの文字化」の7つの部門からなるシステム・体系だと述べています。これについては、「英語の総合力は海に浮かぶ氷山の如し」——自称〝ブルドーザー式英語学習法〟の節で解説します。

2つ目の「まねぶこと」は、「真似をすること」と「学ぶこと」を合わせた言葉で、学習する際の要でもあります。先にアーミーメソッドについての解説で述べた、お手本発話をただひたすらにそのまま繰り返し練習をすることを思い出していただきたいと思います。外国語学習においては、繰り返し練習によってその語や文を記憶することが大切ではあります。その際、頭を働かせないでただ音を繰り返すだけでは外国語が身につかないので、意味を考えながら繰り返し練習することの重要性を述べました。著者が「謙虚にまねぶ」ことこそ英語が上達するカギだと主張しているのは、繰り返し練習をしている最中になぜこの単語はこうなのかなどを考えたりすると練習が止まってしまうので、流暢さ（fluency）を獲得する（脳内の辞書とのアクセスが自動化する）まで何回も何回も繰り返すのが大切だということです。意味を考えるからこそ「まなぶ」ことも加わるのですが、真似ることと学ぶことの両方を意識して練習してほしいと思います。

3つ目は「依存からの脱却」で、上にも述べた自律的学習に関係しています。

4つ目の「手間を惜しまず」は新しい知識を得る際に大切なことです。分からないことをそのままにせず、分かったと思うまで丁寧に調べる習慣を身

につけると良いでしょう。後にも述べますが、分かっていないことが分からないという状態は学習効果が上がらない要因になります。

　5つ目の「ゲーム感覚で」というのは、動機づけに関係しています。「むらさき丸船上」のエピソードのところでも述べましたが、モチベーションを高めるには、自分の小さな成功体験が役に立ちます。ゲームというのは勝ってうれしいという状況と感情がつきものです。「勝つ」ことができるような目標作りをし、勝った時には素直に喜ぶということの大切さを述べています。また、負けたとき、うまくいかなかったときは、ゲームなのだからがっかりしすぎることなく、冷静に分析してやり方やストラテジーを修正してみるという態度を取るとモチベーションが下がりにくくなるのでいいでしょう。

　6つ目の「集中することと力の限界に挑むこと」では主に集中時間のことが述べられていますが、力の限界は英語の実力についてもいえることです。プロフィシェンシー（proficiency）という用語がありますが、これは目標言語の知識と運用能力、すなわち実力を指す概念です。その向上のためには、現在の自分のプロフィシェンシーがどのレベルなのかを知って、次に何をできるようにするかということを考えます。自分の現在のレベルを把握するにはCEFR[8]やACTFL[9]の凡言語的外国語能力基準を参考にするのも方法です。今はこのレベルだから、次はこれを目指そうという計画が立てられます。

　7つ目の「身体と精神のバランス」、8つ目の「休息日の効用」は、英語学習が三日坊主にならずに、持続的に行うことを実現するのに大切なポイントだと思います。語学はコツコツと努力をし続けなければならない勉強です。「継続は力なり」とよく言いますが、ゲーム感覚で楽しみながら続けてほしいと思います。

---

8 CEFR(ヨーロッパ言語共通参照枠組み)の基準
　https://www.britishcouncil.jp/programmes/english-education/updates/4skills/about/cefr
9 ACTFL(アメリカ外国語教育協会)の基準
　https://www.actfl.org/publications/guidelines-and-manuals/actfl-proficiency-guidelines-2012/japanese/
　スピーキング

● 「英語の総合力は海に浮かぶ氷山のごとし」

　英語学習成功者である著者は、英語の力を海に浮かぶ氷山に例えています。水面から出ている「話す」力の下には、「読む」「聞く」「書く」「文法」「語彙」「文字化」の大きな塊が水面下にあるというイメージです。つまり、英語を上手に話すことができるということは、英語の総合的な力が下支えしているということです。一般的に英語が上手だというイメージはペラペラ話せるということだと思います。「話す」というのは言語の機能全体から見れば1つの側面でしかありませんが、言語の中心的な機能であると言えます。

　著者が捉える英語力のイメージに近い概念として、第二言語習得論における「コミュニケーション能力」という専門用語を取り上げたいと思います。これは、外国語を実際に使う能力を捉える概念です。Canale & Swain [10] は、「コミュニケーション能力」とは「文法能力（grammatical competence）」「社会言語学的能力（sociolinguistic competence）」「談話能力（discourse competence）」「ストラテジー能力（strategic competence）」の総合力だとしています。それぞれ、語彙や文法などの言語の知識、相手との社会的役割（教員と学生、店員と客、親と子等）や状況（フォーマルな場面かカジュアルな場面か等）に応じて適切な表現で対応できる能力、まとまった一貫性のある話や文章が産出できる能力、コミュニケーションをする際に何と言ったらいいか分からなくなった時に、何らかの言い方や方法でつなぐことができる能力を表しています。コミュニケーション能力についてさらに発展させたBachman [11] は、「言語能力（language competence）」「方略的能力（strategic

---

10 Canale, M. & Swain, M. (1980). Theoretical bases of communicative approaches to second language teaching and testing, *Applied Linguistics*, 1, 1-47. および Canale, M. (1983). From communicative competence to communicative language pedagogy. In Richards, J.C., & Schmidt,R.W(Eds.), *Language and Communication*, 2-27 London : Longman.

11 Bachman, L. F. (1990). *Fundamental considerations in language testing*. Oxford University Press.（池田央・大友賢二監修 (1997).『言語テスト法の基礎』C.S.L. 学習評価研究所）
　 Bachman, L. F. & Palmer, A. S. (1996). *Language testing in practice : Designing and developing useful language tests* . Oxford University Press.（大友賢二他監訳 (2000).『＜実践＞言語テスト作成法』大修館書店）

competence)」「心理生理的機能（phychophysiological function）」から構成されているとしています。一つ目の言語能力はさらに文法能力、テクスト的能力、発話内能力、社会言語学的能力の下位能力で構成されています。

　「話す」「聞く」「読む」「書く」は、言語の4技能と呼ばれています。CEFR（ヨーロッパ言語共通参照枠組み）では、さらに「インターアクション」というやり取りの技能を加えて5技能を立てています[12]。4技能あるいは5技能の中でも「話す」技能は上でも述べた通り言語使用の中心と言えます。人間言語で文字のない言語はありますが、音声のない言語は、特別な場合を除いて、ないことからも分かります。「話す」「聞く」「読む」「書く」を縦糸とすると、コミュニケーション能力を構成する諸能力は、各技能を通底する横糸とも考えられます。話したり書いたりする産出系の言語技能、聞いたり読んだりする理解系の言語技能、それぞれの技能において、ストラテジーや談話能力、社会言語能力が関わっています。さらに、著者が「語彙」「文法」として立てている部門は「文法能力」としてそれぞれの技能において活用される能力です。

　英語力を高めていくには、縦糸に注目して見るか、横糸に注目して見るかの違いはありますが、「総合的」に言語能力をつけていくのがポイントであることは忘れてはいけないと思います。「英語ができる」こととはどういうことかを改めて考えさせてくれています。著者が言う「英語ができる」というのは教養に裏打ちされた豊かな英語力を指していますので、格調高い英語から友達とふざけ合う英語まで、海面下の大きさがより重要になるのです。コンピュータによる文字化は、英語の表記とタイピングの問題となります。これは後で述べることにします。

　ところで、著者はこの体系的英語学修法を「ブルドーザー式英語学習法」と呼んでいます。ブルドーザーはご承知の通り土を掘ったり地均しをしたり

---

12 Council of Europe (2001). *Common European Framework of Reference for Languages: Learning, teaching, assessment.* Cambridge: Cambridge University Press

する土木建設機械です。力の強い機械ですので、強く事を一気に前に押し進めることを比喩的に「ブルドーザー」ということがあります。本書で述べられている英語の学習法は、短期集中型で力強いやり方で前進していくということを表わしています。

「読むこと」について

　著者は2種類の読書を薦めています。1つは難解な本を辞書で意味を調べながら少しずつ読む方法と、もう1つは易しい内容の薄い本を辞書で調べたりせずにたくさん読む方法です。これについていくつかの観点から解説していきたいと思います。

　まず、言語情報処理の観点です。私たちが何かを読む時、2種類の方向で言語情報処理が行われていると考えられています。ボトムアップ処理とトップダウン処理と呼ばれるもので、2種類が相互に交流することもあります[13]。難解な本を読むときは、単語の意味や文法を逐一考えながら読むので、ボトムアップ処理を行っています。一方、易しい本を読む際は、既に頭の中に出来上がっている単語や文法等の知識（スキーマ）を使いながら読み進めるので、トップダウン処理をしています。読む練習をする際は、この両方の処理がうまくできるようにするといいということが述べられているわけです。

　個人差の一つに学習スタイルがあることを先に述べました。いくつかの概念で分類されていますが、その中の一つでは、分析的に文の構成要素や規則に注意を向けることを好むタイプと全体的に捉え構成要素について説明されないことを好むタイプがいるとされています[14]。ボトムアップ処理は分析的な学習スタイルの人は好ましく思うかもしれませんが、全体的な学習スタイルの人はこの活動を通して分析的なスタイルを身につけることが期待されま

---

13 甲田直美 (2009). 『文章を理解するとは』スリーエーネットワーク.
14 Ehman, M. and Leaver, B. (2003). Cognitive styles in the service of language learning. *System*, 31, 393-415.

す。

　トップダウン処理の読みには、大意把握や特定の情報探しも含まれるので、易しい本の多読に慣れてきたら時間内に読んだ後にどのような内容だったかを要約してみる学習もすることができるでしょう。

　次に、読解時の意味推測の観点から解説したいと思います。研究[15]では、読解が上手な人は文章の意味を心に留め置きながら、重要ではない語は読み飛ばし、分からない語があっても辞書や単語帳をいちいち見ないで文脈から推測しながら読み進めていると報告されています。一方、読むのがうまくない人は、一語一語読むことによって文の意味が分からなくなることがあり、文脈から意味を推測することもしなければ読み飛ばしもしないということです。もし手に取った本が少しだけ意味の分からない単語があるレベルだった場合ですが、一旦意味を推測しながら読む練習をし、後で推測した語の意味を辞書で一つひとつ丁寧に確認するのも方法だと思います。

　また、読解の際、私たちは予測しながら読んでいると言われています。たとえば新聞の見出しを見て続く記事内容を予測したり、推理小説でも犯人は誰か考えながら読んだりするのは分かりやすい例だと思います。本書には多読や速読に向いている易しい本として寓話や短編物語が挙げられていますが、それは筋書きが分かりやすいからだと言っています。この筋書きが分かりやすい本というのも、予測能力を高めるのに向いています。私たちの頭の中には、筋書きのパターンという知識が蓄えられているので、その知識を使って予測できるのです。英語の筋書きのパターンも身につけ、英語での予測能力をより高めることができます。

　著者が薦めている難しいほうの書物は、ノーベル賞受賞者による文学作品や長年読み継がれている社会批評であり、文章の格調も高く質の高い名作で

---

15 Hosenfeld, C. (1977). A preliminary investigation of the reading strategies of successful and non-successful second language learners. *System* 5/2: 110-312.

す。もう１つ、「使用域（register）」の観点からの解説も加えたいと思います。文章はジャンルによって、使われる言語表現に違いがあります。たとえば格調高い文学作品群と童話や昔話では選ばれる語彙が違いますが、それを使用域という概念で捉えることがあります。格調高い作品群からは、フォーマルなスピーチにも使える語彙や表現、童話からは子どもに対して話す基礎的な語彙や表現がどのようなものかが分かってくるでしょう。豊かな英語力には、さまざまな使用域の語彙や表現が使い分けられる能力が必要になります。

　最後に、文章構成の観点からの解説です。難しい書物に読むのに慣れてきたら、一文ごとの文法だけでなく、段落や文章全体の構成にも目を向けましょう。特に批評の文章を読む際は、主張を述べている分とその根拠・理由付け文の関係が段落の一文目と続く文とでどのようになっているか、段落と段落をどのような順番でつないでいるかについて、接続詞、関係代名詞、指示代名詞、関係しあっている語彙などに注意を払って読む練習をすると、一貫性のある文章の特徴が把握でき、談話構成能力が向上するのを助けることでしょう。

　「集中することと力の限界に挑むこと」では自己記録を更新していく努力が述べられています。前日の記録を上回った場合は大いに自分をほめることも強調されています。自分をほめることは、先に述べたように成功体験として動機づけが高まりますので、大いにほめるようにしましょう。

　難解な書物を読む際に手間を惜しまず辞書を引き、単語の意味や発音・アクセントや例文を丁寧に読み、「マイ単語帳」に書き留めることが勧められています。語彙の部門でも述べますが、単語の使い方や使用域まで丁寧に勉強し記憶していくと、英語を話したり書いたりする際に深い語彙知識として活用されますので、手間を惜しまずにマイ単語帳を作っていきましょう。さらに、類義語や対義語（反対語）などの関連語彙も書いておくと、脳内辞書の語彙ネットワークがしっかりとできますので、お勧めしたいと思います。

解説編

「書くこと」について

　著者は、①日記を毎日書くこと、②洗練された格調の高い英語に和文英訳することを述べています。その中に、「自分の英語力や力不足をいやというほど思い知らされ(る)」という部分があります。外国語の練習のしかたを「タスク先行型」と「タスク後行型」に分けて論じることがあります。それぞれ、先にロールプレイなどのタスクをしてから関係する文型や文法などを勉強する場合と、文型などを勉強した後にそれが使えるようにタスク練習をする場合のことを指しています。ここで勧められている書く活動はタスク先行型と言えます。タスク先行型では表したいことがうまく書けないなど自分の外国語能力の限界が分かります。外国語の実力を向上させるには、現在の自分の言語能力の限界（天井）を知り、次に何をできるようにするのかを考え勉強を進めることが大切です。そのためには、まず自分の英語をアウトプットし、それをモニターする力が必要になります。語彙や文法の間違いやより良い表現に注意を向けるのです。

　日記の場合、「箇条書きの寄せ集めのようになるかもしれません」とあるように、初めのうちは、短い文が並ぶだけになるかもしれません。著者が大切だと言っているのは、毎日欠かさずに続けることです。

　それでも、毎日短い文が並ぶだけの日記では満足できなくなるかもしれません。そのような状態から脱出したい場合はどうすればいいのでしょうか。ACTFL の判定基準の一つに、「語」を並べるだけ、「文」が作れる、「段落」が作れる、「複段落」が作れるという能力基準の要素があります[16] が、主語と述語が一つずつの短い文が書けるようになったら、次に接続詞を使って述語が2つの文を作ってみる、さらに、文と文をつなぎ合わせてより詳しく書いて段落、複段落を書くようにしていくとよいでしょう。接続詞も and や but のような使いやすいものから even though や nevertheless、if のような

---

16 牧野 成一、鎌田修、山内博之他 (2001). 『ACTFL・OPI 入門』アルク.

手ごたえのあるものまでたくさんの種類があります。また、詳しく書けるようになるには、対象物の形や色などの形態的な特徴を述べたり、部分部分について具体的に描写したりするなどが必要になります。少しずつ上級に近づくように意識しながら毎日書いていくといいでしょう。複段落で書くのに慣れてきたら読んだ本や映画のあらすじと感想を書くのも方法です。よく観察した描写や叙述の文章を完成させて、さらにそれを暗記しておくと、英語を話す際の十八番(おはこ)の話題ともなりますので、焦らずに時間をかけて、ある程度長さのある日記文を目指しましょう。

　和文英訳は、日本語の概念を英語に直す練習になります。ここでも自分の英語力の限界(天井)を知り、それを超えることを続けてください。格調高い英語の練習となるので、原文に使われている語がどのような語彙か丁寧にチェックし、自己修正を可能にする「モニター」が働くようにするとよいでしょう。外国語の難しさには、不安感や情動の他に能力、言語構造自体の複雑さなどさまざまな事柄が関わっていますが、ここでは言語構造の複雑さに挑戦することに集中しましょう。

　「限られた時間内にできるだけ多く」書く練習をすることが勧められています。学習計画を立てて、自分を管理しながら練習を続け、さらに検証を重ねていくのが大切だということを意識して取り組みましょう。

「聴くこと」について

　著者は聴解力を身につける方法として、Active Listening と Passive Listening を提唱しています。前者はシャドーイングと呼ばれる発話活動方法で、後者は理解活動の訓練です。シャドーイングをするには、全神経を集中しながらテレビやラジオからの英語を追いかけ、聞こえるとおりに発声します。

　リズムについては、元となるアクセントと音のまとまりの認識のしかたが日英語で異なります。英語は強弱アクセントの音節言語、日本語は高低アク

セントの拍 (はく) 言語という違いがありますので、特徴をよく捕まえるように注意を向ける必要があります。日本語の拍というのは、母音だけであっても子音 + 母音であっても「っ」や「ん」「ー」もほぼ同じ長さで発音するという意味です。英語の音節は母音を中心にしていくつかの子音がまとまっていますので、日本語とはかなり違う特徴があります。抑揚は、英語の場合文全体に高低がかかるのですが、日本語は文末の拍に高低差を置くという違いがあります。聞いたとおりに発音することが大切です。さらにスピードにも慣れてきたら、意味も考えながらシャドーイングすることをお勧めいたします。

　集中することについては、第二言語習得論では「注意（attention）」の概念で説明されています。注意とは、ある特定の刺激を選択し、周囲の関係のない刺激を無視しながら、その選択した刺激に集中する認知プロセスのことで、注意を構成する 3 つの概念として、一般的に容量、選択、努力があげられます [17]。シャドーイングは認知負荷の高いタスクですので、大きな努力が必要になります。著者の言うように強い集中力の練習になるので、根気強く練習を続けてください。

　次の「受動的に聴く」は、内容理解の練習です。意味を意識し、分からない単語を書き留め、辞書で綴りを確認するものです。ここでも「手間を惜しまず」辞書を引くことが大切です。初めのうちは、内容理解がかなり難しいかもしれません。まずは、キーワードとなっていそうな語に意識を向けましょう。その語に関する知識（スキーマ）が脳内で活性化します。著者の言うように、背景となる知識や情報を集めておくと、スキーマが増え、トップダウンで聞く言語処理がスムーズに行えるようになります。読むことの節でも述べたように、予測しながら聴くのも方法です。聴きとれる量が増えてきたら試してみてください。

---

17 Van Patten, B. & Benati, A.G.（白畑・鈴木監訳）(2017).『第二言語習得キーターム事典』開拓社 .

映画のセリフは、どのような人がどんな時にどんな感情で言っているか場面・文脈が分かりやすいので、表現を練習する際は情景も思い描きながら行うとよいでしょう。自然と口から出てくるようになるまで何度も繰り返すことが強調されています。これを第二言語習得論では「自動化（automaticity）」と言います。一旦作業記憶に入れられた表現が何度も何度も繰り返すことによって長期記憶に移り、そこから遅れ無しに引き出せる状態になることです。映画は流暢さが十分になるまでの繰り返し練習に適した教材となりますので、大いに活用されることをお勧めします。

　さらに、映画は一方的な語りよりも、会話のやり取りが多く出てきますので、「こう言われたらこう答える」「こう答えたら次にこう言う」といったインターアクションにも注目してほしいと思います。CEFR には「話す」「聞く」「読む」「書く」の他に「やり取り」を加えて5技能立てていると先に述べました。英語を話すときは、スピーチのような一人語りよりも会話のほうが多く出てくると思いますので、会話のやり取りにも注意を向けると実践で役に立ちます。もちろん、著者が夢見たロマンチックな場面でもそうなるでしょう。

「英文法」について

　文法の学習は、先にも述べたように規則基盤学習に当たります。規則をしっかりと理解して覚え、英語の産出時・理解時に正確に適用できるようにします。著者は、2種類の知識を説明しています。①使用知識（active knowledge）と②静態知識（inactive knowledge）です。英語を話したり書いたりする時、必ずしも知っている文法知識がすべて出てこない経験をしたことがあると思います。一方の、読んだり聞いたりする理解の際は何とか出てくる文法知識でも、産出時には同じようにはいかないのです。著者が「休眠中の知識」と言っているのは、この何とか出てくる状態のことを指しているようです。

　「使用知識」は脳内辞書の検索においてアクセスしやすい状態にある知識

だと言えます。これには、使用頻度と基本的であるという性質が関わっていますので、著者が中学・高校の時の英文法の本で覚えた知識と言っているのは当然のことでしょう。さらに、これらの本は既に手元にある、以前使っていたという気安さもあります。基本的な文法をおさらいし、繰り返し繰り返し口に出すと頻度が高まり、英語を産出する時に脳内辞書においてアクセスしやすくなります。

　一方の「静態知識」も読んだり聞いたりする際にたくさんあるほうがよいので、難解な書物の読みで得た文法知識を整理しておくことをお勧めいたします。読解が挫折しやすいのは、文法と語彙の知識が足りないことに因ることも多いと思います。モチベーションが下がらないよう、文法知識を正確に理解し、覚えることが重要です。英語が上手に話せるには、流暢さももちろん大事ですが、正確さの重要性も忘れてはならないと思います。著者が「誤りが極力少なくなるよう心がけることが大切」と述べているのは、正確さのことを言っているのです。

　英語が上達するにつれ、類似表現や用法が気になってくると思います。その際は、より詳しい文法書を参考にすることをお勧めいたします。

「語彙」について

　語彙学習に関して大切なポイントが示されています。それは、語彙に関する知識についてです。語彙力の維持と増強の対策用にお勧めの方法として、2種類の単語帳の活用が示されています。受験勉強のために使う単語集と、読みながら作った単語のノートである「マイ単語集」です。それぞれの単語帳の特徴を考えてみましょう。

　受験用の単語集は単語のリストとその意味が簡単に書かれていると思います。単語の数は、数千語に及ぶと思います。もう一つの「マイ単語集」を作る際は、手間を惜しまず、面倒くさがらずに辞書を引き、丁寧にすべて書かれていることを読み、単語だけでなくその単語が出てきた文章も一つひとつ

213

「大判の大学ノート」に書き留めるという方法が述べられていました。たくさんの単語が載っている単語集と使い方まで記されたマイ単語集は、それぞれ「単語リスト」と「単語とその使い方」を特徴としていると言えます。

言語教育分野では、「語彙知識の広さ（breadth of lexical knowledge）」と「語彙知識の深さ（depth of lexical knowledge）」という専門用語がありますが、単語リストで得た知識のようにたくさんの語彙を知っているというのを「広い語彙知識」と言います。一方、使われている文章の情報の他、その単語を使う時の文法的な構造、どのような単語と結びつきやすいか、よく使われる語か、フォーマル／カジュアル、流行的／古臭いなどどのような場面でよく使われるのかといったそれぞれの単語の情報を「深い語彙知識」と呼んでいます。

聞いたり読んだりする時には、たくさんの語彙を知っている方が理解しやすくなります。つまり、「広い語彙知識」が有効に活用されます。また、話したり書いたりする際には、深い語彙知識が活用されると言われています。単に単語リストレベルでたくさん知っているだけでは不十分で、使い方を含んだ単語の深い知識が重要な役割を果たすわけです。

「単語リスト」と「マイ単語集」両方を上手に活用すると、英語学習効果が上がることがわかります。

著者は英語を習い始めのころは、英単語を覚えるのが億劫で苦手だったと述べています。しかし、英作文や読解の際の学習阻害要因となっていることから、主体的な語彙習得に取り組みました。苦手意識からの脱却は、モチベーションがアップしたことでしょう。ここでも、「ゲーム感覚で」、「集中することと力の限界に挑戦する」という基本が繰り返されています。お風呂に入る前に水性マジックで手のひらに覚える英単語を書くことを試してみてもいいですし、自分が面白いという感覚を持てる他の方法でもいいと思います。自分に課した量の英単語を楽しみながらコツコツと覚える方法を考え出してみてください。スマホのアプリにも有効なものがあるかもしれません。

「単語の覚え方のコツを知りたい」という声を外国語学習者から聞くことがよくあります。Oxfod（1990）は言語学習のためのストラテジー研究の中で、記憶ストラテジーは４つに分類できると言っています。以下、これを紹介します。「知的連鎖を作る（Creating Mental Linkages）」、「イメージや音を結びつける（Applying Images and Sound's）」、「繰り返し復習する（Reviewing Well）」、「動作に移す（Emplaying Actions）」の４つです。

　「知的連鎖を作る」としては、品詞、話題、機能、感情などのグループごとにことばを集め、そのグループに名前を付けること、連想を作ったり何かと関連づけたりすること、などが挙げられています。「イメージや音を結びつける」として、絵や場面などのイメージを使ったり、関連語彙の関連のしかたを線や矢印で結びつける意味地図を作ったり、母語の中に新しい語と似た音を見つける聴覚連結を作ったりするなどです。「繰り返し復習する」としては、10分後、２時間後、１日後、２日後、１週間後に注意深く復習をすることです。「動作に移す」については、その表現通りの動作をしたり、覚えた単語カードを別の置き場に移すなどです。

「コンピュータを使って文字化すること」について

　書いた文書は他者が読む、つまり、人に伝えるための言葉として手書きではなく、ワープロなどで清書するのは、今の時代も求められています。著者が若い時は、タイプライターを使っていて、ブラインドタッチ、タッチタイピングと言われる、キーボードを見ないで正確に速く打つ技術が重視されていました。これは、現在のコンピュータのキーボードにも通じる技術です。スマートフォンでは入力できても、キーボードで入力できなければ、大学や社会の中でも困ることもあるでしょう。

　キーボードを打つ練習をする際、ＡＳＤＦのキーに左手の指（fingers）４本を置き、ＪＫＬ；に右手の指４本を置くホームポジションを作ります。さらに、左手の小指は、Ａの上のＱ、数字の１、下のＺも守備範囲になります。

右手小指は：Ｐ０／で、両小指はSHIFTキーも使います。他の指も同様で、左手人差し指は守備範囲が広く、ＦＲ４Ｖプラス ＧＴ５Ｂ、右手人差し指はＪＵ７Ｍの他ＨＹ６Ｎも担当します。親指（thumbs）はスペースキー周辺を扱います。ホームポジションに指を置いて、それぞれの守備担当範囲を打つ練習を繰り返すと、キーボードを見ないで打てるようになります。

　文字が早く打てるようになったら、英単語の正確な綴りのほかにコンマやピリオド、コロン、セミコロンなどの使い方を含む正書法にも意識を向けるといいと思います。

「話すこと」について

　著者は話す毎日の訓練として、大きく３つの方法を提示しています。１つ目は単音レベルの発音の練習で、スポーツの基礎練習に当たるものです。発音は口腔内の筋肉運動でもありますから、毎日の訓練が大切になるのです。

　２つ目は、中学校のリーダーの教科書や名演説を丸暗記して暗唱することです。これまでも述べてきた通り、繰り返し練習し、長期記憶に貯蔵するということになります。外国語を話す際、「正確さ」と「流暢さ」に注目することがあります。上手に話すにはこの両方が必要だということです。基本的なセンテンス・パターンをしっかりと身につければ、発話の正確さが高まります。また、名演説はいくつもの段落がある長い発話となりますから、淀みなく話す練習題材としてはうってつけのものです。

　３つ目は、英語を使うイベントに参加することです。アウトプットの節にも述べたように、口に出して言うことで、自分の英語の問題のあるポイントがよく分かることからも、上達に効果的です。

　本書のブルドーザー式英語学習法は、自律学習の在り方、第二言語習得に多くの気づきを与えてくれています。「メタ認知」という専門用語があります。これは、「知っていることを知っている」を指す用語です。自分の知識、方

法やスキル、現在の内的な状態に対する知識です。本英語学習法は、自分で計画を立てて責任をもって実行し、自分でチェックし高めていく英語の学び方が述べられています。語彙や文法、状況に応じた表現の知識、学びの方法、自らの英語の実力を知って向上を図る方法について説明されています。自律的に英語を学ぶこと、また、体系的に学ぶことの大切さを十分に理解して学習を進めていっていただきたいと願っています。

　外国語を習得した人がしばしば語ることに、自分の中に別人格が形成されるということがあります。本解説者の周りには日本語習得に成功した人がたくさんいますが、日本語を話している時、丁寧な人格になる、他者を思いやるやさしい人格になると言っている人もいます。本書の方法で英語が上達すれば、いつもの自分ではないようなしっかりと自己主張できる人格が出てくるかもしれません。自分の中に別の人格を生み出すことも外国語を学ぶ楽しみの１つともなり得ます。前向きに努力する楽しさと厳しさが経験できるブルドーザー式英語学習法を実践してみませんか。

　為せば成る　為さねば成らぬ　何事も　成らぬは人の為さぬなりけり
　（どんなことでも強い意志を持ってやれば必ず成就する）　　　上杉鷹山

おわりに

　人工知能（AI）による翻訳の精度が急速に進化する現代において、外国語大学の存在意義、社会的役割とは何か。自身の職業柄、頻々としてこの手の質問を受けることが少なくありません。その度に私は切歯扼腕の情に駆られます。外国語系の学部を擁する大学では、語学教育だけにとどまらない学際性に富んだ多様なカリキュラムを編成し、着実に進化し続けているにも関わらず、未だに世間一般では、外国語大学はあくまで「語学」だけに特化した大学というイメージが根深く定着しているようです。社会通念の変革を試みようとも容易には払拭できないことにもどかしさを覚えます。

　学生時代から今日に至るまで、かれこれ60年もの間、外国語大学と人生をともにしてきた者として強く思うことは、AI技術の進歩が目覚ましい現下の情勢は、外国語系大学にとってむしろ好機ではないか、ということです。AIが劇的に進化する一方で、現状のAIが不得手とすることも浮き彫りになっています。それは、「見る」「聞く」「感じる」といった基本的な人間の営み、つまり外国語系大学における教育の屋台骨とも言えるコミュニケーション能力であります。

　加えて、自らの発意による創造性や芸術性に富んだ独自の色を出すことも現在のところAIの不得意な領域です。将来、AIが人知を超えるシンギュラリティ（技術的特異点）に到達する日もそう遠くはないと予測されています。しかしながら、時代が下るとともに、「言語コミュニケーション」「クリエイティビティ」は人間にしか踏み込めない領域として、その重要性と価値が高まるのではないかと考えます。

　現在、多くの外国語系大学では、高度な外国語運用能力はも

ちろんこと、専攻語圏に関する深い専門知識と幅広い教養教育に裏打ちされたグローバルな視野に加え、協働力や分析力、企画力、創造力等を身につけたグローバル人材の育成を目指しています。高度な外国語運用能力（コミュニケーション力）「プラス・アルファ」を身につけた人材—これこそがまさに AI では代替できない絶対的存在として、これからのグローバル時代を生き抜く人材ではないかと思っています。

　本書「WHY ENGLISH NOW?（今なぜ英語を学ぶのか）」は、グローバル社会で生き抜くための「使える英語の必要性」、「コミュニティ・エンゲージメントの重要性」、「体系的な英語学習の捉え方」、「英語学習の心得」、「ブルドーザー式英語学習法」、それに「アメリカ留学体験」などのテーマを扱っています。高層ビルを建てるには、その土台が強固であることが絶対条件であるように、英語学習においても同じことが言えると思います。その意味において、本書の中の提言や助言が、もう一度英語を勉強してみようと思っている読者や、英語が話されている国や地域で働いてみたいと思っている読者、あるいは海外留学を考えている読者にとって、少しでも役に立ち、参考になることを願っています。

　ところで、わたしは、同じ京都外国語大学にお勤めの由井紀久子先生から、日本における外国語教育のあり方、なかでも留学生を対象とする日本語教育のあるべき姿について、これまで何度かご高説を拝聴する機会がありました。由井先生は、日本語教育の領域において、国内外を問わず第一線で活躍されている教育・研究者で、いかにすれば留学生が日本語を効果的に習

得でき、日本文化を理解できるのかと、常に腐心されておられる方です。

　本書の出版に当たり、この「ブルドーザー式英語学習法」は、専門家の目にどのように映るのだろうかと思い、由井先生に伺ったところ、日本語教育の専門家としての立場から解説してみたいとお申し出を頂き、本書の解説編を執筆して下さる運びとなりました。

【著者プロフィール】

松田 武　Takeshi MATSUDA

1945 年 7 月 25 日	兵庫県姫路市に生まれる
1961 年	郷里でジョン・デービス夫妻に出会う
1962 年 10 月	高校の修学旅行中にリチャードソン元海軍大佐に出会う
1964 年 4 月	大阪外国語大学外国語学部英語学科へ入学
1967 年 9 月	サンケイスカラシップで米国ウィスコンシン大学に留学
1967 年 9 月	ホストファミリーのロバート・アーサー夫妻に出会う
1967 年 10 月	ダウ・ケミカル社のリクルートをめぐる混乱
1968 年 4 月	マーチン・ルーサー・キング牧師の暗殺事件
1968 年 6 月	ロバート・ケネディ上院議員の暗殺事件
1969 年 1 月	ウィスコンシン大学学部を卒業（B.A.）
1969 年 4 月	帰国。大阪外国語大学外国語学部英語学科へ復学
1970 年 3 月	大阪外国語大学外国語学部英語学科を卒業
1972 年 4 月	京都大学大学院文学研究科現代史修士課程に入学
1973 年 9 月	フルブライト奨学制度によるウィスコンシン大学大学院へ入学
1974 年 12 月	ウィスコンシン大学大学院修士号取得
1979 年 5 月	ウィスコンシン大学大学院博士号取得
1990 年 1 月	大阪外国語大学外国語学部英語学科 教授
2007 年 10 月	大阪大学大学院国際公共政策研究科 教授
2010 年 4 月	京都外国語大学外国語学部英米語学科 教授
2010 年 8 月	京都外国語大学、京都外国語短期大 学長・理事

【解説編執筆者プロフィール】

由井 紀久子　Kikuko YUI

京都外国語大学、京都外国語短期大学 副学長
ランゲージセンター センター長
国際貢献学部グローバル観光学科 教授
日本語プロフィシェンシー研究学会 副会長

Why English Now?

−今なぜ英語を学ぶのか−

2019 年 11 月 27 日　第 1 版第 1 刷発行	著　者　　松　田　　　武
	©2019 Takeshi MATSUDA
	発行者　　高　橋　　　考
	発　行　　三　和　書　籍

〒 112-0013　東京都文京区音羽 2-2-2
電話 03-5395-4630　FAX 03-5395-4632
sanwa@sanwa-co.com
http://www.sanwa-co.com/
印刷／製本　中央精版印刷株式会社

乱丁、落丁本はお取替えいたします。定価はカバーに表示しています。　　　　ISBN978-4-86251-395-3　C3037
本書の一部または全部を無断で複写、複製転載することを禁じます。

三和書籍の好評図書

Sanwa co.,Ltd.

復刻版
戦争放棄編
参議院事務局 編
「帝国憲法改正審議録　戦争放棄編」抜粋

A5版／並製／400頁　定価：本体3,500円+税

●日本国憲法施行70周年記念出版‼　戦後の平和を守ってきた世界に冠たる平和憲法であるが、今まさに憲法論議が喧しい。そこで原点に立ち返って日本国憲法が生まれた経緯や、その意義について「帝国憲法改正審議録」を紐解く。改憲派も護憲派も必読の1冊。付録として平和憲法誕生の知られざるいきさつを記録した「平野文書」がつく。

自分がされたくないことは人にもしない　平和の実践叢書1
グローバル公共倫理
王　敏 編著　法政大学国際日本学研究所 教授

A5版／並製／438頁　定価：本体3,200円+税

●1975年、当時の現職首相であった福田赳夫と西ドイツ元首相ヘルムート・シュミットは、歴史の教訓に学んだ平和倫理を確立するため、インターアクションカウンシル（通称ＯＢサミット）を主導した。それが福田康夫元首相に引き継がれ、黄金律である「己所不欲、勿施于人」（自分がされたくないことは人にもしない）が「世界人類責任宣言」として採択され、世界に向けて発信された。本書はその平和実践ワークショップの記録である。

写真で見る アジアの少数民族 シリーズ全5巻セット

森田勇造 著
B5判／並製／箱入り

定価：本体17,500円+税

●日本の民族的、文化的源流を求めて、アジアをくまなく歩いてきた筆者による、貴重な写真とその記録を集載した全5巻のシリーズ。
　①東アジア編はモンゴル、中国、チベット、台湾を掲載。　②東南アジア編では信仰、儀式、衣装、祭祀、踊り、食事など、さまざまな民族の生活文化を、著者自らが単独取材し撮影した貴重な写真と文章で浮き彫りにする。　③南アジア編では自然と共に生きる母系的社会の人々の風俗習慣や衣食住などの生活文化を紹介する。　④中央アジア編では民族と文化の坩堝と化した地域に生き人々の風俗習慣等の生活文化と、「ユーラシア大陸横断鉄道の旅」を紹介する。　⑤西アジア編では乾燥した砂漠や荒野で、イスラム教の戒律に従い、伝統的な共同体の規則を守って生きる人々の生活文化の一端を紹介する。

三和書籍の好評図書
Sanwa co.,Ltd.

民俗学からみた大嘗祭
大嘗祭の本義

折口信夫 著　森田勇造 現代語訳
四六判／並製／128頁　定価：本体1,400円+税

●本書は折口信夫の昭和3年における「昭和三年講演筆記」を現代語訳したもの。訳者は今般の新天皇の即位に際して、稲作文化としての〝大嘗祭〟に関心を持ち、明治以後の四代、東西八カ所の斎田地を探訪調査した。そして、下記『大嘗祭の起こりと神社信仰』を上梓することになった。それにあたり必要な、折口信夫の講演録を現代語訳したのである。2冊を合わせ読めば、日本にとって重要な大嘗祭の意味と意義がよく理解される。

大嘗祭の悠紀・主基斎田地を訪ねて
大嘗祭の起こりと神社信仰

森田勇造 著
A5版／並製／160頁　定価：本体1,800円+税

●天皇一代一度の行事で、天皇制にとって大変重要な儀礼。今後の天皇制の在り方を洞察する上でも大事なことだと思い、明治以後に行われた斎田地を訪ねた。明治時代以前の斎田地は、地域は分かっても場所を特定できないが、明治以後は、記念碑が建立されているので確認できる。明治、大正、昭和、平成の東西二か所ずつの八か所と年代不詳の備中主基斎田地を訪れ、当時の様子を知る方々に話を伺い、写真も多数掲載している。

ガンとアルツハイマー病はコインの裏表

ビール苦味成分は微妙に形を変え、両方に効く!?
戸部廣康 著
A5判／並製／210頁　定価：本体2,000円+税

●本書は「ガン」と「アルツハイマー病」というすべての人に関心の深い病気を取り上げている。二つの病気に関連があるというのは、一方の病気が他方の病気の発症を防ぐという意味ではなく、二つの病気が二律背反、即ち「コインの裏表の関係」或いは「シーソーの関係」にあるという事である。ホップ成分の全体像の解明には多くの時間が必要とされているが、ガン及びアルツハイマー病の発症メカニズムを明らかにするとともに、その治療薬の開発に大きなヒントを与える可能性がある。

人は死んだらどうなるのか

死を学べば生き方が変わる
加藤直哉 著
四六判／並製／296頁　定価：本体1,900円+税

●宗教は、宗派が異なれば、死後の世界は全く異なり、宗教をもとに死後の世界を語れば、必ず争いが生まれます。では、どうすればよいのか。本書では死後世界をできるだけ科学的に研究し、多くの人に納得してもらえるように死の研究において「科学性」と「客観性」を最重要視しています。その視点において、選択した死生学研究が「臨死体験研究」「過去生療法研究」「生まれる前の記憶を持つ子供たち研究」という3つの研究です。死生学研究は、「死」と「生」の両方の答えを与えてくれます。

三和書籍の好評図書
Sanwa co.,Ltd.

失われた居場所を求めて
都市と農村のはざまから現代社会を透視

祖田　修 著 京都大学名誉教授

四六判／並製／ 248頁　定価：本体1,900円+税

●非正規雇用37％、一人世帯35％という、日本を蝕む貧困と格差。戦後復興を果たして高度成長を謳歌していたのが、いつの間にか深刻な社会状況に陥ってしまった。農村から都市への大規模な人口移動が、孤独の蔓延と居場所の喪失をもたらしたのである。都市は、農村は、どう変わるのか？　そこにあなたの居場所はあるのか？　街と村の相関を見続けてきた筆者が近未来の人々の居場所を展望する。

SDGsとは何か？
持続性ある地球環境・資源、人類社会を目指す

安藤　顯 著

四六版／並製／ 228頁　定価：本体1,700円+税

● 21世紀に入り、世界の人口はますます増加の一途をたどりつつある。それにともなって、環境汚染、資源枯渇、貧富差の拡大などの諸問題が深刻さを増している。人類の活動が地球のキャパシティを超えたまま手をこまねいていれば、早晩、取りかえしのつかない状況に陥ってしまう。その危機から地球、そして人類を救うのがSDGsである。その成り立ちから現状、今後の課題を解説する。

宮沢賢治再発見！

・賢治の物語を7つの色で分けました。藍色は銀河系、紫色は芸術、青色は賢治ブルー、緑色は自然、黄色は光、橙色は人生、赤色は愛。レインボーカラーで彩られた物語が始まります。
・ユニバーサルデザイン仕様の大活字本
・全文ふりがな付き

1. **銀河鉄道の夜**
   銀河鉄道の夜／グスコーブドリの伝記
2. **セロ弾きのゴーシュ**
   セロ弾きのゴーシュ／よだかの星／水仙月の四日／鹿踊りのはじまり／ガドルフの百合／かしわばやしの夜
3. **風の又三郎**
   風の又三郎／楢ノ木大学士の野宿／種山ヶ原／いちょうの実
4. **注文の多い料理店**
   注文の多い料理店／ポラーノの広場／オツベルと象／ビジテリアン大祭／ひのきとひなげし
5. **十力の金剛石**
   十力の金剛石／めくらぶどうと虹／烏の北斗七星／双子の星／猫の事務所／やまなし／気のいい火山弾／雪渡り／カイロ団長
6. **雨ニモマケズ**
   雨ニモマケズ／どんぐりと山猫／虔十公園林／なめとこ山の熊／イギリス海岸／フランドン農学校の豚／耕耘部の時計／農民芸術概論綱要／貝の火／ざしき童子のはなし
7. **春と修羅**
   春と修羅／星めぐりの歌

宮沢賢治大活字本シリーズ
全7巻

A5判　並製　平均260頁

全7巻セット 定価：本体24,500円+税

各巻 定価：本体3,500円+税

令和元年10月配本開始!!